145th anniversary since1877

明治10年からの大学ノート

二松学舎のあゆみ

二松学舎小史編集委員会［編］

145周年記念版

二松学舎のあゆみ

History of Nishogakusha

令和４年10月10日、二松学舎は創立１４５周年を迎えた。明治維新の後に漢学塾としてスタート。以来建学の精神を守りながら、大きく発展してきた二松学舎の精神と現在に迫る。

創立当時の
漢学塾 二松学舎
(復元ジオラマ)

財団法人
二松義会初期の塾舎
(明治36年)

開校当時の
専門学校の全景
(昭和６年)

現在の九段１号館

漢学塾二松学舎の創立

History of Nishogakusha

二松学舎創立者・三島中洲

明治維新から10年、漢学者三島中洲は、洋学偏重の時代に危機感を覚え、漢学専門塾の創立を決意する。そして明治10年10月10日、二松学舎の１４５年の歴史が始まった。

備中聖人とうたわれた中洲の師・山田方谷（個人蔵）

二松学舎で学んだ人びと

明治・大正・昭和と活躍した政治家・犬養毅

漢学好きだった夏目漱石

日本オリンピックの父・嘉納治五郎

女性の権利を訴えた平塚らいてう

（上の写真4点とも共同通信社提供）

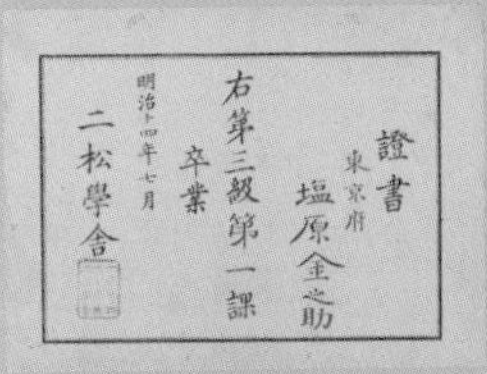

證書
東京府
塩原金之助
右第三級第一課
卒業
明治十四年七月
二松學舍

夏目漱石（本名・塩原金之助）の卒業証書（県立神奈川近代文学館所蔵）

嘉納治五郎が中洲に宛てた書簡

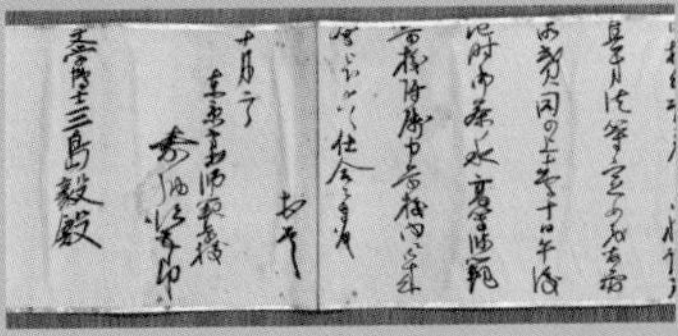

明治期の中洲と塾生たち

塾から専門学校の設立へ

History of Nishogakusha

山田方谷の義孫にして初代校長となった山田準（左から3番目）

時代は昭和へと移り、創立50周年の佳節を迎えると同時に、二松学舎は国語漢文の教育者養成機関として、専門学校へと発展していくのであった。

専門学校開校式（昭和3年4月21日）

開校当時の
専門学校の全景
（昭和6年）

昭和17年の北富士演習（軍事教練）

戦後復興期、大学へと発展

History of Nishogakusha

第二次世界大戦のさなか、多くの学生も戦地へと赴いた。一方で校舎は全焼するなど、創立以来の危機を迎える。そして終戦――。価値観が転換する中、二松学舎は新制大学として、三度目の新たなスタートを切った。

戦時中中断され、昭和33年に再開された夏期公開講座

昭和32年、創立80周年記念事業で完成した新校舎

昭和41年竣工の千代田校舎（左）／昭和53年竣工の創立100周年第一記念館（右）

第5代舎長吉田茂（昭和38年就任）

第3代舎長渋沢栄一（大正8年就任）

第6代舎長浦野匡彦（昭和61年就任）

中洲の死後二松学舎舎長となった
渋沢栄一の『論語講義』（大正14年）

海部俊樹文相などの来賓を迎えた、創立100周年記念式典（昭和52年）

そして現在へ

History of Nishogakusha

都心にそびえる近代的な九段キャンパスと、水と緑に囲まれた柏キャンパス。学生たちは二つの顔を楽しみながら、恵まれたキャンパスライフを送っている。

九段キャンパス　九段1号館

九段2号館

九段5号館

九段4号館

九段3号館

柏キャンパス／附属柏中学・高等学校

附属高等学校

刊行にあたって

令和四（二〇二二）年、二松学舎《にしょうがくしゃ》は創立一四五周年を迎えました。二松学舎は明治一〇（一八七七）年一〇月一〇日、明治を代表する漢学者であり、法曹界の重鎮でもあった三島《みしま》中洲《ちゅうしゅう》先生（以下、中洲）が、現在の大学九段1号館の建つ東京都千代田区三番町（当時は麹町区一番町）の自宅に漢学塾を開いたことに始まります。漢学塾は、正面門の両側に塾生が生活する部屋が並び、母屋が平屋建て、講義を行う講堂は一部二階建てで、中庭に二本の松が植えてありました。

中洲は、その二本の松に因んで「漢学塾二松学舎」と名づけました。「二本の松」とは「学問をする場所」の象徴です。中国唐代の文人韓愈《かんゆ》の『藍田県丞庁壁記《らんでんけんじょうちょうへきのき》』にある「対樹二松、日哦其間……（二松《にしょう》を対樹《たいじゅ》し、日《ひ》びに其《そ》の間《かん》に哦《が》す……）」という言葉に由来するもので、漢学者にはよく知られていました。中洲は自作の漢文「二松学舎対」にこの故事を引き、「余が庭にも二松あり（中略）学舎に命じて二松と曰ふ」と記しています。

開塾当時は、明治維新以降一〇年が経過していましたが、日本の国情は未だ安定せず、若者たちは、流行を追い、西欧文明の摂取にばかり熱心になっていました。この状況を見た中洲はこのままでは日本は間違った方向に進むのではないかと時勢を憂え、西洋文明の進んだ部分を自分たちのものにするためには、先ず東洋の文化を学び、日本人の精神文化など本来の姿を知ることこそが重要だと考え、漢学を若者に教授することで、真に役立つ人材の育成を目指しました。この考え方は、中洲が、幼少時に備中松山藩《びっちゅうまつやま》（現在の岡山県高梁市《たかはし》）の藩儒山田方谷《やまだほうこく》に、実証性の高い学問である陽明学と「知行合一」の精神（知識に実践が伴ったものが本当の「知」であるという考え方）を学び、儒学を重要視しつつも、西洋の進んだ技術や学問を積極的に取り入れるべきとする教えから得たものでした。

開設当初は、塾生の集まりを心配する声もありましたが、中洲の考えに賛同し、のちに明治・大正・昭和の各界をリードする多くの人びとが、二松学舎の門をたたきました。中江《なかえ》兆民《ちょうみん》、犬養毅《いぬかいつよし》、夏目漱石《なつめそうせき》、平塚《ひらつか》らいてう、嘉納治五郎《かのうじごろう》などは、その代表的な人物です。時代が進み昭和に入ると、二松学舎は漢学塾から国文と漢文を学ぶ専門学校として、この分野における最高峰の教授陣を整え、当時の中等学校で国語や漢文を教える教師を養成することに力を注ぎました。今日も多くの卒業生が、全国の中学校・高等学校の教壇に立っているのは、こうした専門学校以来の伝統です。その後、昭和二四年、専門学校は新制の二松学舎大学へ移行し、文学部国文学科と中国文学科を開設しました。

二松学舎の詳細な歴史は、『二松学舎百年史』（昭和五二年刊）に譲り、本書においては創立から今日まで脈々と伝わっている二松学舎の精神を、幅広い世代の人びとにわかりやすく伝えるために、全章を通じて、二松学舎を支えたサポーターや経営者等人物を中心に、物語風に記しています。

第一章から第三章までは、まず、中洲の師である陽明学者山田方谷の生涯が記述され、次に中洲の学問体系の形成経緯と二松学舎精神生成との関係等、三島中洲を生み出した背景から説き起こし、当該二松学舎精神（日本人の精神的背景となった漢学をしっかりと身につけ、そのうえで西洋文化の優れた部分を吸収する。そしてそれを日本社会に定着させる工夫やその過程を考証・検証するという考え方）を学んで、政治、経済、教育、芸術面等近代日本の確立に大きな足跡を残した既述の犬養毅、嘉納治五郎、夏目漱石、平塚らいてう等、数多くの著名人にスポットを当てています。さらに第四章、第五章では、学校の運営およびそのサポーターとして、大きな力を注いだ渋沢栄一、吉田茂、山田済斎、那智佐伝、浦野匡彦等の人びとに焦点を合わせています。最終章の第六章においては、その精神を受け継ぎ、終戦後から今日にいたる学校法人二松学舎とその設置校である二松学舎大学と三つの附属校のこれまでの生成経緯と現況、そして創立一三五周年に公表した長期ビジョン「N' 2020 Plan」とこの五カ年計画である「アクションプラン」の成果等について記しています。そして、さらに、創立一四〇周年時に公表した、二〇三〇年に向けた二松学舎の新長期ビジョン「N' 2030 Plan」の内容を紹介、これまでの五年間の進捗状況と今後一五〇周年に向けての課題等について記載しております。

なお巻末には明治から現代までの二松学舎の歴史や主な時事的事象を年譜として挿入しており、時代の流れと二松学舎の歴史を確認しながら、本文を読んでいただければ幸いです。

学校法人二松学舎　理事長　水戸　英則

明治10年からの大学ノート——目次

〈注　記〉

「二松學舍」の表記については、本書本文中では「二松学舎」で統一する。

引用文の中には、編者が原文を現代語訳しているものがある。

引用文中の振り仮名は、読みやすさのため編者がつけているものがある。

「卒業生からのメッセージ」は一四〇周年記念版から転載しているものがある。

第一章

変革期に生きた人びと

二松学舎は、明治一〇（一八七七）年、現在大学の九段校舎がある千代田区三番町に漢学塾二松学舎として創立されました。塾を開いたのは、漢学者三島中洲《ちゅうしゅう》です。

中洲とは、三島が用いた号（雅号、ペンネーム）のひとつです。三島の諱《いみな》は毅《き》、字《あざな》は遠叔《えんしゅく》。幼名は廣次郎、二一歳の頃に貞一郎と改めました。本書では通例にしたがって、三島中洲という表記を全般にわたって用います。

本書の第一章では、中洲の前半生に当たる幕末の動乱期とその時代を生きた人びとの足跡を検証しながら、われわれの先人たちがどのように近代の扉を開いたのかを振り返ります。

江戸時代の学問界

三島中洲は文政一三年一二月九日（一二月一〇日に天保に改元、西暦一八三一年一月）、備中国窪屋郡中島村、現在の岡山県倉敷市中島の庄屋を務める家に生まれました。中洲の師であり、備中松山藩（現在の岡山県高梁市）の藩政改革に成功した山田方谷もまた半農半商の家庭の出身でした。江戸時代末期には下級武士や郷士、豪農・豪商の出身者が全国各地で登用され、動乱期に大きな働きをしました。薩摩藩の西郷吉之助（隆盛）や大久保一蔵（利通）、長州藩の伊藤俊輔（博文）も郷士あるいは下級武士の出身であり、一橋家に仕え幕臣として維新を迎えた渋沢栄一《しぶさわえいいち》は武蔵国（埼玉県）の農民でした。外国からの圧力に対して開国・攘夷に国論が二分され、暗殺やその報復が横行する混乱期に、幕藩体制を維持するための身分制とその表裏の関係にある世襲制は次第に意味を失っていったのです。

それでは、江戸時代の身分制の下位におかれた人たちは、どのようにその実力を伸ばしていったのでしょう。これを解く鍵のひとつは、江戸時代後期の学問界の状況にあります。当時、一般に学問といえば、四書《ししょ》（「大学《だいがく》」「中庸《ちゅうよう》」「論語《ろんご》」「孟子《もうし》」）・五経《ごきょう》（「易経《えききょう》」「書経《しょきょう》」「詩経《しきょう》」「礼記《らいき》」「春秋《しゅんじゅう》」）に代表される中国の儒教古典を学ぶことであり、特に南宋・朱熹《しゅき》によって体系化された朱子学とよばれる宋代以降の新しい儒教解釈によって学ぶことが江戸時代を通じて広く日本中に普及しました。

歴史を振り返れば、中国では唐から宋にかけて社会が大きく変化しました。唐代までは従来の貴族が支配階級を占め、官僚の力はなお限定的でした。宋代以降、皇帝のもとに権力が集中し、科挙《かきょ》によって選抜されたエリートである士大夫《したいふ》が政治を行う官僚制が形成されます。そして朱子学による儒教解釈が科挙の制度と結びつきます。一方、日本では朱子学は一四世紀には学ばれていますが、これが官僚の人材選抜と結びつくのは、江戸時代も後期に入って全国諸藩に藩校が作られるようになってからのことです。二〇〇年以上続いた世襲制の矛盾が堆積し、統治の基本的な枠組みである幕藩体制は揺らいでいました。固定化した身分制度の表層下では、学問が評価の対象となる実力主義が次第に育まれていきます。学問を学ぶことによって、自分ひとりの栄達ではなく、世の中を広く見渡し国の将来を心配し、国家の大事を担おうとする新しいエネルギーがマグマ活動のように蓄積されていった、それが江戸時代も末期の日本社会と学問界の状況だったのです。

備中聖人と呼ばれた男

中洲の師・山田方谷も、こうした時代状況を象徴する人物のひとりでした。地元では「備中聖人」とまで讃えられ、現在も高梁市には方谷駅（伯備《はくび》線）という、彼の名前にちなんだ駅があります。昭和三（一九二八）年に伯備線が開業したとき、「駅名に人名は用いない」と旧国鉄は拒絶しましたが、地元の熱意に押されて「人名ではなく地名」であるという理由で採用に踏み切りました。

山田方谷と言えば、米沢藩主・上杉鷹山と並ぶ江戸期の藩政改革者として知られています。

しかし、方谷を財政家あるいは経理の専門家のように捉えるとすれば、それは大きな誤解です。方谷は、道（道徳・条理）を明らかにすることによって藩政全体の改革を行ったのであり、財政についても、武家の懐を豊かにすることを目指したのではなく、そこに暮らす領民の生活を含めた藩全体の経世済民を図り、それに成功したのです。備中松山＝高梁の人びとが方谷を「備中聖人」と崇め、その人の死の五〇年後に建てられた駅名に名を残すことを渇望したのは、ひとえにその理由によりました。

「備中聖人」と呼ばれた
中洲の師・山田方谷（個人蔵）

山田方谷の生いたち

先に記したように、方谷の生家は半農半商の家でしたが、三代前までは郷士格を与えられていました。方谷の曽祖父宗左衛門が人を殺めて自刃するという事件を起こしたために没落したのです。以後方谷の祖父と父は山田家の再興を目指し、子弟の教育にも努めました。方谷は幼時から周囲を驚かすような天分を示し、四歳の時に揮《き》毫《ごう》した神社の扁額《へんがく》も現存しています。方谷は、隣接する

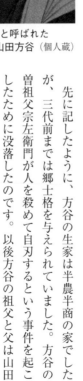

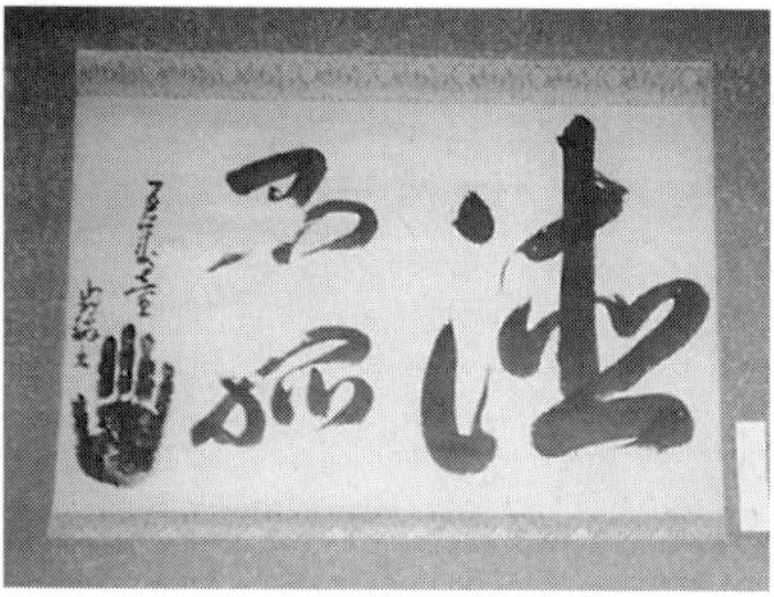

方谷五歳の時の書「徳不孤」。左端に方谷の手形が見える（山田敦氏提供）

新見藩（岡山県新見市）の儒者丸川松隠《しょういん》の回陽塾に五歳で入門を許されます。当時すでに五二歳だった松隠は、当初この幼子の指導を息子の慎斎《しんさい》に任せましたが、まもなくその非凡な才能に気づき、自ら教え導くようになりました。松隠は大坂懐徳堂《おおさかかいとくどう》に入って中井竹山《ちくざん》に学び、懐徳堂では佐藤一斎《いっさい》とは同門であり、寛政三博士に数えられた尾藤二洲《びとうにしゅう》、古賀精里《せいり》らとも親交があり、全国的にその名を知られる存在でした。

五歳の入門時から老師松隠のもとで学問に励んだ方谷でしたが、一四歳のときに母を亡くし、翌年に父を亡くしたため、一五歳で書物と筆を鋤鍬《すきくわ》と算盤《そろばん》に持ちかえて家業に精を出すことになりました。しかしこの時から二五歳までの一〇年間、山田家を切り盛りした実務経験がのちの藩政改革において大きな力を発揮する土壌となったのです。

神童から有為の士へ

文政八（一八二五）年、方谷が二一歳の年、備中松山藩から次のような沙汰書があり、「奨学金」として二人扶持《ににんぶち》が支給されることになりました。

農商の身にて文学に心がけよろしき旨を聞き、神妙のことにつき、二人扶持をくださるおりおりは学問所へ出頭し、なおこの上とも修業し、ご用に立つよう申し付くる

このことから、家業を継いだ後も方谷が学業を廃することが無かったことが分かります。方谷は備中松山藩から経済的支援とともに、今後さらに学問に励み藩のために役立つ人材となるように期待され、堂々と学問に打ち込めるようになりました。備中松山藩側から見れば、このとき山田安五郎（方谷）という半農半商の青年をリクルートしたのです。

方谷の人生は、ここから大きな展開を見せることになります。二三歳と二五歳の年に二度にわたって京都遊学を果たし、帰郷後、藩から名字帯刀を許され、藩校・有終館《ゆうしゅうかん》の会頭（輪講・会読の責任者）を命じられました。ついに方谷は、山田家の念願であった士分に取

倉敷市中島西町にあった、三島中洲の生家

り立てられたのです。ところが方谷は、翌年の末には会頭の職をさっさと辞してしまいます。更なる遊学を志したためと言われています。

時代の先覚者・帆足万里との出会い

方谷の三回目の遊学が実現するのは、二年後の天保二（一八三一）年のことでした。遊学先は一回目から続いて京都の寺島白鹿《てらじまはくろく》の塾です。この三回目の遊学中、方谷は興味深い人物と接触を持ちました。その人の名は帆足万里《ほあしばんり》。方谷が京都で帆足万里門人の小川弘蔵と出会ったのを機縁とし、彼を通じて万里に手紙を送ったのです。

帆足万里は嘉永五（一八五二）年、つまりペリー来航の前年に亡くなっていますが、近代合理主義的な知識と思考をいち早く身につけた知識人として知られ、同時代の人びとに大きな影響を与えました。彼は儒学者として認められたのち、同郷の三浦梅園《ばいえん》の影響を受けて、医学、数学、博物学に及ぶ自然科学の幅広い知識を身につけます。副産物として海外事情にも広く精通していました。本来、朱子学に代表される宋学は徹底した合理主義によって貫かれており、不合理な精神主義や超越的な神秘体験には否定的であり、儒者にとって合理主義は自明のことだったのです。帆足万里はこの時代、日本における儒学的知識人のトップランナーだったといえるでしょう。

また方谷が手紙を送ったころの帆足万里は、財政が逼迫《ひっぱく》していた豊後《ぶんご》（大分県）日出《ひじ》藩の家老に抜擢され、藩政改革に取り組みはじめていた時期に当たります。その改革が成功裏に進み、世間の注目を浴びるのはもう少し後のことになりますが、方谷は万里の著書に触れて大いに感銘するところがあり、教えを請いたいという内容の手紙を送ったのでした。

方谷は三度の京都遊学の後、江戸に出て佐藤一斎の塾に入門します。方谷の高弟である中洲もまた伊勢や江戸に遊学しています。彼らがこうした機会に励んだのは、幅広い情報を得るためのネットワークの形成でした。そして、その情報を活かしながら「彼我の文化文明の特質を的確に捉える見識」を培っていったのです。

方谷と陽明学

方谷が三度目の遊学で交友した人物のひとりに、春日潜庵《かすがせんあん》という陽明学者がいます。この人は西郷隆盛に影響を与えるなど、尊皇攘夷《そんのうじょうい》の行動派として知られ、安政《あんせい》の大獄《たいごく》では捕縛《ほばく》されています。出獄することができたのは、方谷の尽力が大きかったと考えられています。

また、方谷はこの時期に陽明学の基本テキストである『伝習録』から重要と思われる部分を選び、それに自ら序文をつけました。本文部分は今日失われていますが序文だけは残り、彼の思想の一端を伝えています。

方谷はその生涯を通じてあまり多くの著作を残していませんが、明らかに陽明学を信奉していました。彼の経世家としての事績には、陽明学の考え方に立ったものと見ることによって理解できる点が多くあります。

陽明学は、明代の政治家・思想家として知られる王陽明（一四七二〜一五二八）という創始者の名に拠っています。王陽明もまた科挙の試験に合格した士大夫でしたから、学問の基礎は朱子学によって築きました。しかし、長年の間に固定化し活力を失った朱子学に限界を感じ、より実践的な思索を独力で深めていきました。方谷をはじめとする幕末の多くの陽明学者たちは、朱子学を土台に陽明学を学び、朱子学の延長線上にこそ陽明学を活かす余地があるという捉え方をしていました。

「理財論」と「擬対策」

三度目の京都遊学が三年目を迎えた天保四（一八三三）年、方谷は藩に対して更に江戸遊学を願い出て、これが許されます。この年の暮、彼は郷里に戻ることなく江戸の藩邸に入りました。江戸での方谷は、当時名声の高かった佐藤一斎の塾に入門しています。佐藤一斎は幕府の昌平坂学問所を主宰する林述斎の高弟であり、朱子学を基本としつつ陽明学にも理解のある幅広い学風で知られた学者です。また江戸には全国の俊英が集っており、方谷はそれらの人々と交流しながら、社会改革に関する実践的な思想を構築していったのです。

方谷が残した文章のうち、同時代および後世の人びとに大きな影響を与えた二篇、「理財《りざい》論《ろん》」と「擬対策《ぎたいさく》」がこの江戸遊学中か、あるいはその直後に書かれています。これらの文章に表れている考え方は、その後、嘉永二（一八四九）年、方谷が四五歳の年から着手する備中松山藩における藩政改革の基本思想となったものです。

「理財論」は上下篇からなっていますが、上篇の趣旨を紹介してみます。

昨今、理財の方策はますます綿密になっているが、国はますます貧乏になるばかりだ。

総じて善く天下の事を処理する者は、事の外に立ち、事の内に屈してはいけない。だが昨今の理財をはかる者は、みな財の内に屈している。もっと大きな目で見なければいけない。

そして、次のような方策を提示します。

政治姿勢を正し、人心をひきしめ、文教をおこし、武備を充実し、治国の大方針を確立することが重要である。財源がないとばかり言って、治国の大方針を顧みなければ、理財の道もまたふさがってしまう。英明な主君と賢明な宰相がよくこのことを反省し、理財の外に立ち、道理を明らかにして人心を正し、賄賂を禁じて官吏を清廉にし、人民をねぎらって民生を厚くし、古賢の教えを尊んで文教をおこし、士気を奮いおこして武備を張れば、綱紀《こうき》は整い政令は明らかになり、治国の大方針は確立する。そして理財の道もまたおのずから通じる。

下篇ではさらに、ある人の質問に方谷が答える形式で書かれています。

（ある人が言うには）財貨の外に立つというあなたの論議はわかりました。しかしながら貧困な藩国は上下こぞって苦しんでいるのです。綱紀をととのえて政令を明らかにしようとしても、餓死がまず迫ってきます。それを逃れるには財貨よりほかにありません。それでもなお財貨の外に立つとは、間のぬけた論議ではありませんか。（方谷はこれに答えて）義と利との区別が大切です。綱紀を整え、政令を明らかにするのは義です。餓死を逃れるのは利です。君子は義を明らかにして利を計らないものです。義と利の区別が明確になるならば、守るべき道が定まります。餓死などは気にするに足りません。しかしながら義を明らかにすれば利もまたそれに伴ってくるものです。綱紀が整い、政令が明らかになったならば、餓死者などはいないものです。

一方「擬対策」は、政治についての意見を主君の質問に応じて答えるという形式で書かれた論文で、二〇〇〇字あまりの長文ですが、やはり「義」と「利」を区別し、為政者が自らを律し、政治と教育を刷新することを主張しています。

この二篇の論文は、この後およそ一〇年の時を経て、方谷の人生に大きな変転をもたらします。それはまさしく時代が求めたものであり、個人の思いをはるかに超越したものでした。

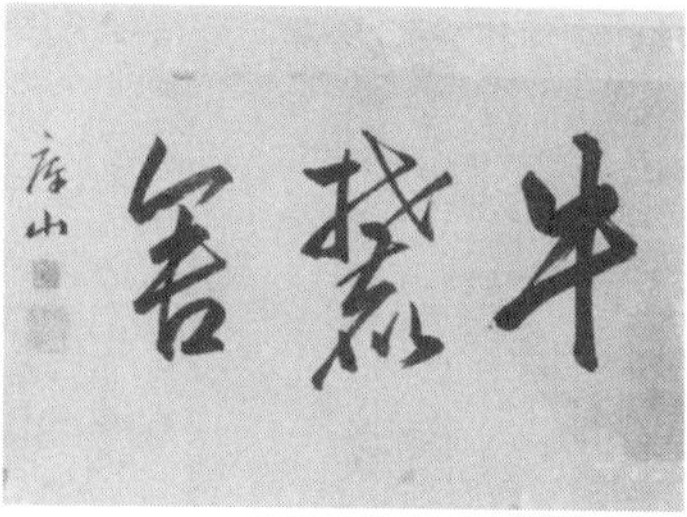

藩主勝静の書になる、山田方谷の家塾「牛麓舎」の扁額

時代は激しく動いた

方谷が一斎塾を退き、藩主勝職とともに松山に帰藩したのは、天保七（一八三六）年三二歳の時です。天保年間、日本国内は天災が相次ぎ、日本近海には外国船が頻々と出没します。なかでも日本を震撼させた最大の事件は、天保一一年に勃発したアヘン戦争でした。この前年には、いわゆる「蛮社の獄」が行われ、海防の重要性を説く著名な洋学者たちが弾圧されていました。アヘン戦争の情報は、反動的な天保の改革への不評と相まって、幕政改革に取り組んでいた水野政権を揺さぶります。

天保一四年には、一四歳の三島廣次郎、のちの三島中洲が方谷の家塾牛麓舎《ぎゅうろくしゃ》に入門します。この後約四半世紀にわたって、この師弟は激動の時代に立ち向かいます。その間中洲は、師の不在がちな塾を取り仕切り、時に藩政改革の手足となり、また時に幕末の複雑な外交に当たります。そして藩主が老中として幕府政治の重責を負い、戊辰《ぼしん》戦争後は一時その消息が不明になるという混乱のなかで明治維新を迎えることになるのです。

賢君と名臣

天変地異と内憂外患に揺れ動いた天保年間が終わり、弘化元（一八四四）年に備中松山藩では桑名藩松平家から迎えた養嗣子《ようしし》の勝静《かつきよ》が初のお国入りをします。名君松平定信の孫に当たる勝静は、周囲の期待に違わぬ成長をみせていきます。このとき方谷は勝静の侍講を命じられ、毎日のように呼び出されては学問の相手を務めました。両者の関係は、まさに賢君のみが名臣を知る、というものであり、それが間もなく開始される一大藩政改革へと結実していくのです。

同時期に、方谷は注目すべき動きを見せています。それが、一カ月余りに及んだ弘化四年の美作津山《みまさかつやま》藩への出張です。目的は、津山藩士の天野直人に高島流砲術を学ぶことでした。この出張には一八歳の三島中洲も同行しています。すでに師の側に付き従う愛弟子の姿を見ることができます。

勝静—方谷による藩政改革は財政だけでなく、軍制改革も重要な柱でした。勝静はすでにこの頃から、藩内における文武両道の振興、とくに武の振興にはことさら熱心でした。維新に際して備中松山藩は重大な軍事的危機に遭遇しますが、松山藩兵が精強であることは知れわたっており、包囲軍は容易に開戦を決断できませんでした。そうした強力な軍団形成の第一歩が、このときの津山藩への留学だったのです。津山藩は洋学が盛んな地であり、この頃から方谷が実学としての洋学の必要性を強く感じていたことは確かです。

抜擢、そして改革断行へ

嘉永二（一八四九）年八月、藩主板倉勝職が病没し、勝静が藩主に就任します。同年一一月、方谷は江戸藩邸に呼び出され、勝静から藩の財政責任者（元締《もとじめ》と吟味役《ぎんみやく》の兼任）を命じられました。方谷は突然の大役任命を固辞しましたが、結局は引き受けざるを得なくなります。藩儒とはいえ農商出身者を藩の重役に取り立てるという異例の抜擢に、藩士たちは衝撃と抵抗を感じたはずです。次のような悪意と嘲笑に満ちた狂歌が残されています。

山だし（山田氏）が何のお役にたつものかへ（子）の曰《たまわ》くのような元締
御勝手に孔子孟子を引き入れてなほこのうへに空《から》（唐）にするのか

方谷の財政的手腕はまったく未知数であり、この人事を断行した藩主の勝静も養子に来て間もない二七歳の若者でした。しかし、こうした反発の声に対し、勝静は方谷に関する上申《じょうしん》を一切認めないと宣言し、財政に関する全権を委任します。そして方谷もまさに獅子奮迅の活躍を見せるのです。

勝静の藩主就任当時、藩財政は長年の借金の利息がかさみ、どれほど倹約しても毎年四〇〇〇両から五〇〇〇〇両の赤字が発生していました。備中松山藩は表高五万石とはいっても、実収は一万九三〇〇石余りでした。これまでの元締はこの実態を隠して、借入金の便宜をはかってきたのですが、方谷は自ら大坂に出向いて債権者に対してこの実情を率直に述べました。その上で、藩政改革の計画を詳細に語り、今後ふたたび借財しないことを条件に、従来の負債を新旧に応じて一〇年から五〇年の期限で返済することを提案し、これを承諾させました。結果的に、債権者たちは方谷の誠実な人柄とその綿密な計画性を信頼し、談合が成立しました。中洲は、「先生のこの小信大信の処置はまったく陽明学の活用であって、区々たる小信にこだわる者にはできない」と述べて、こうした方谷の対処に陽明学の影響を見出しています。

方谷の政策は、殖産興業においても成果をあげました。撫育方《ぶいくかた》という役所を新設して、収納米以外の収益をこの役所で管理し、富殖を図ったのです。もっとも巨利を得たのは鉄山と銅山との開発です。備中北部の山中では砂鉄が産出し、また吹屋では銅を産出しました。これらの鉱物資源を活用して、城下の高梁川対岸の村に数十の工場を置き、相生町と称して鉄器・農具・稲こき・釘などを製造し、これらを船に積んで高梁川を下り玉島港から回送したのです。この役所を撫育方としたことにも方谷の政治思想が表れています。「藩主の天職は、藩士ならびに百姓町人たちを撫育するところにあります。まず急務とすることは、藩士の借り上げ米をもどすこと、百姓の年貢を減らし、町人には金融の便宜を図り、交易を盛んにすることです」。方谷の藩政改革の目標は上下とも富むことでした。ことに農民や町人の撫育に主眼がおかれていたのです。

方谷から中洲へ

山田方谷の名は近隣諸藩に知れ渡り、その家塾牛麓舎には他藩からも多くの塾生が集まりました。嘉永元（一八四八）年、中洲はその塾長をわずか一九歳で任されています。方谷はその翌年から藩の財政責任者となり、更に藩内における方谷の役割は財政だけではなく軍事、外交など藩政全般に広がっていきましたから、家塾で塾生の指導に割く時間は少なくなり、牛麓舎の運営や講義は中洲が代行することが多くなっていったのです。

一四歳で方谷塾に入門し、その好学が愛されて九年間師の膝下《しっか》で育まれましたが、二三歳になった中洲は、そろそろ自分も郷里を離れて碩学《せきがく》の謦咳《けいがい》に触れたい、天下の俊秀たちと議論を交わしてみたい、そんな思いが沸き起こってきました。その中洲の出発点ともいえるのが、嘉永五年から足掛け五年にわたった伊勢津藩への遊学でした。この遊学中には、日本の港を閉じていた鎖が黒船によって破られる大事件も勃発し、時代は幕末から維新へとその進路を変えていきます。

この物語もそろそろ、師から弟子へと視点を移すときがやってきました。

卒業生からのメッセージ 1

落語家

三遊亭兼好（さんゆうてい　けんこう）

平成4年文学部国文学科卒業。学生時代は清水義昭ゼミに所属。ラグビーサークルと漫画研究会に入っていた。夫人も二松学舎大学出身。平成10年三遊亭好楽に入門。平成20年真打昇進。

二松学舎に通っていた時の教科書が、今仕事で役に立っている、という話をしよう。

ただし、「どうしても落語家になりたい」とか「何もすることがないから噺家にでもなろう」という人は滅多にいないだろうから、あまり参考になる話ではない。

二〇年程前、いくつかの仕事を転々とした挙げ句落語家になった（仕事を転々としたのは私の飽きっぽい性格のせいであって、二松学舎の教育のせいではない）。落語家の生活は毎日変化があって、何事も長続きしない私には合っていた。ただ、「なんとなく面白そう」という理由だけで入門したので、落語に対する予備知識がまるでない。周りの入門者は落語好きが高じて入って来た連中だから落語に詳しいのは当たり前で、随分その無知を笑われた。

師匠や先輩方から色々と教えてもらっているうちに、落語の元になっている話や背景、噺の芯になっている和歌や漢文が、大学で学んだ内容と重なることに気がついた。

というより、広く知られた歴史や文学、有名な人物が笑いのタネになるのは当然の話で、いくら落語を知らないといっても、二松学舎で学んだことをきちんと覚えていれば、落語の背景を理解するのは簡単なはずなのだ。

いかに学生時代いい加減に過ごしたか痛感した。

でも手遅れということはない。学生時代に仕方なく購入した本や資料集を引っ張り出してみる。ほとんどが手垢一つない、新品同様の本だ。それが、読んでみると面白い。落語というフィルターを通してみると、全てがネタの宝庫だ。なぜ学生時代読まなかったのか、なぜもっと先生方の話に耳を傾けなかったのか。

ああ、あの時しっかりと学んでいれば、今ごろ師匠方に一目置かれ、同輩後輩に尊敬される立派な噺家になれたのに。

それにしても、学生時代の本や資料が今ごろ役に立つとは、捨てなくて良かった。もっとも、学生時代に頭に叩き込んでいれば、そんな必要もないのだが。

ちゃんとした学生には参考にならない話である。

第二章　三島中洲が考えたこと

三島中洲は、安政四（一八五七）年から明治二（一八六九）年までの備中松山藩時代と明治五年から明治一〇年の明治政府出仕時代を、彼自身の言葉でいえば「俗吏」として過ごしましたが、それを除いた生涯の大半を、学者、教育者として生きました。

第一章で紹介したように、方谷の学問観の根底にあったものは「実際の役に立つ」学問であり、そのために上に立つ者が自己を厳しく鍛え、民衆の生活を豊かにしたいというものでした。長く藩政の現場にあったので、その思考は常に現実に有効であることを志向しました。結局、方谷にとってはそうした生き方の総体が、彼の思想の体現であったといえるかもしれません。

一方、中洲の学問の骨格は、朱子学、陽明学、古学を併せた儒教思想であり、この思想を活かすための方法論となったのが歴史に対する深い知識でした。また、そうして導き出された思考を、論理的に明快に叙述することのできる作文や講話の能力も際だっていました。

こうした中洲の学問が大成されるのは、明治一〇年以降の壮年時代からのことであり、それ以前には主君や師と共に駆け抜けた幕末維新の動乱がありました。書斎や教場で身につけた学識だけでなく、ぎりぎりの駆け引きが行われた政治・外交や、矢弾が飛び交う戦場をくぐり抜けた体験を度外視して、中洲の思想を理解することはできないでしょう。第二章では中洲の足跡を辿ることで、二松学舎建学の精神の一端を探ってみます。

伊勢遊学と吉田松陰

中洲が師から伊勢津藩への遊学を許されたのは、嘉永五（一八五二）年のことです。のちに中洲自身が「余の学半ば津藩に成る」と述懐しているように、伊勢における足かけ五年は彼の学問修業にはきわめて意義深いものとなりました。

若輩ながら塾長として牛麓舎を切り盛りしていた中洲が松山を去るということは、すなわち塾の休校を意味しました。実際、「方谷年譜」には、「毅《き》去って書生退散す」と記されています。師は若き日の志を愛弟子の中に見出し、その成長を期待して送り出したに違いありません。

伊勢で中洲が学んだのは、津藩の斎藤拙堂《せつどう》でした。拙堂は江戸で生まれ、幕府の教育機関の中心である昌平黌《しょうへいこう》で学んだ儒者で、当時、頼山陽《らいさんよう》と並ぶ名文家として知られていました。また、経世家としての側面も併せ持ち、弟子を長崎に遊学させたり、海防や外交について建白しています。中洲は『拙堂文話』を読んでこの師に惹かれたと述べていますが、その海防論にも高い関心を持っていたことは、備中松山藩で学んでいた時代に拙堂の海防論を筆写していることからも分かります。また津藩には二酉文庫という有名な蔵書があり、「漢籍の大半津藩に集まる」といわれたほど学問が盛んな藩として知られていましたから、豊かな蔵書が中洲の学問形成に役立ったことは確かです。

中洲はこの津藩遊学で二人の重要な友を得ています。ひとりは周防岩国藩士の玉乃世履《たまのせいり》で、維新後は初代大審院長の要職に就き、中洲が明治政府に出仕する機縁となった人物です。

もうひとりは生涯の友となった川北梅山《ばいざん》で、中洲はその隣家に住み、典籍掛《てんせきがかり》であった梅山を通して二酉文庫の書籍を借り出しては読書に励みました。中洲はのちに二度江戸に遊学していますが、本当の意味で学問を突き詰めたのはこの時期であり、その意味で梅山は中洲の学問修業に大きな恩恵を与えた人物といえます。

この当時の拙堂は藩の重役であり、住まいも城内にありましたから、中洲のような他藩からの遊学者が日常的に師事することはできません。藩務に多忙な拙堂から直接教示を受けるのは、月に数回、拙堂が茶磨山荘《さまさんそう》という別荘を訪れるときでした。眼下に伊勢の海を見下ろすこの屋敷に出向く時には弁当や酒が用意され、中洲はその相手をしながら文章の添削を受けたり、広く政治経済の話を聞いたりしました。また拙堂のもとには他藩からの来訪者も多かったため、そうした人びとと交わり議論することも少なくありませんでした。長州藩の吉田寅次郎（松陰）もそうしたひとりでした。実は、中洲と松陰とは同じ年の生まれです。中洲の死後にまとめられた「三島中洲翁逸事」に、ふたりが津で初めて出会った時のことが記されています。その内容を要約してみましょう。

壮年の三島中洲（前列左から２人目、明治22年）

私が津の斎藤塾に留学していた頃、吉田松陰は大和の森田節斎《せっさい》先生の下を辞して伊勢神宮を参拝したが、その際斎藤塾にも立ち寄った。

拙堂先生から、この度やってきた吉田はなかなか面白い人物だから一度会ってみるといいと勧められたので、友人の家里松濤《いえざとしょうとう》と一緒に宿を訪れ、四方山話をした。世情騒然たる時期であったため、話題は次第に攘夷国防のことに移った。そのなかで今も記憶に残っているのは、頼山陽は小船説（外国の大船を、鷹が寄り集まって鶴を倒すように小船で取り巻いて攻撃するという戦術）だが、拙堂先生にお尋ねしたところ、自分と同じく日本も大船で戦うべき、というお考えだったのでわが意を得たりと大いに安心した、と語っていたことだ。

いかにも兵学者松陰を彷彿《ほうふつ》させる逸話ですが、同年生まれの二人はこの数年後思わぬ場所で再会を果たすこととなります。

黒船来航

中洲が伊勢に移った翌年（嘉永六＝一八五三年）にアメリカ東インド艦隊司令長官、マシュー・カルブレイス・ペリーが、旗艦サスケハナ号以下四隻の軍艦を率いて、浦賀沖に現れました。このとき、ペリーから大統領フィルモアの国書を受け取った老中首座の阿部正弘は、幕府開闢《かいびゃく》以来の行動に出ます。すなわち、国書を和訳して全国の大名にこれを公開し、意見を求めたのです。こうした幕府の行動は、各藩において藩主が藩士に意見を求めるという玉突き的行動に連鎖していきます。このときから日本中で上下貴賤を問わず議論百出する、いわゆる「処士横議」の状況に入っていきました。

国書を預けたペリーは、一年後の返答を約束して琉球に退き、翌安政元年正月に再来航します。中洲と松陰が再会を果たしたのは、まさにこのときでした。

黒船来航・再来航の情報は、拙堂の下にも頻々《ひんぴん》ともたらされていたことでしょう。それに接した二五歳の若者が、遊学先でじっとしていられるはずがありません。友人とともに即刻、黒船探索の旅に出ました。

しかし、このときの品川、横浜周辺の海岸は警備が厳重で、簡単に近づくことができません。中洲らが労働者に変装して厳重な囲みの中に潜り込んだ時、そこで再会したのが同じく変装した吉田松陰でした。このときには互いに目礼を交わして別れたということです。松陰はこの後弟子とともに米艦を下田まで追いかけて密航を企てましたが、受け入れられずに国元に檻送《かんそう》されたことはよく知られているところです。

中洲は、この黒船探索の時に書き留めた日誌を『探辺日録《たんぺんにちろく》』にまとめました。その描写は、船の外観、構造から乗組員の行動、各藩の警備の体制におよび詳細をきわめています。黒船来航は全国的に渇望されていた情報ですから、『探辺日録』は漢学者の間で次々に書写され、広く読まれました。これによって、備中松山藩の三島の名も全国に知られるようになり、漢学者の全国的ネットワークに組み込まれていったのです。

この初めての遊学は、安政三（一八五六）年三月までの足掛け五年に及びました。この間、学問上の著作は一五種に及び、帰郷の際には斎藤拙堂からは送別の詩や「経国之大業《けいこくのたいぎょう》」という扁額まで贈られました。江戸、大坂、京のような大都市ではなく、伊勢津藩でこれだけのことを成し遂げた愛弟子の成長は、送り出した方谷にとっても上首尾であったはずです。

帰郷した中洲はしばらく実家で読書の日々を送っていましたが、翌年（安政四＝一八五七年）、藩校有終館の学頭となっていた先輩の進鴻渓《しんこうけい》が方谷の手紙を携えて中洲を訪れ、備中松山藩への仕官を薦めました。

この誘いに対して中洲は即答を避け、家族などに相談するとして決断に一カ月の時間をかけています。この時の中洲の姿勢は、方谷に送った手紙に率直に表れています。結局、中洲は応諾する条件として、次の四条を提示しました。

一、仕えた後、五年の遊学を許す。
一、帰藩後も時々藩外に出ることを許す。
一、四〇歳以前は儒官以外には任じない。
一、経を講じるときは必ずしも朱子の注釈によらなくてもよい。

　これらがいずれも許されて、仕官が決まります。松山藩は基本的にこの約束を誠実に守りました。この直後には京や西国、および二度にわたって江戸にも遊学しています。しかし三つ目の約束だけは守られませんでした。国内政治の激変がそれを許さなかったのです。

江戸遊学と川田剛の仕官

　中洲の江戸遊学は二度に及びました。江戸では交際等に時間を費やし、勉強は伊勢在学中ほどできなかったと中洲自身述べていますが、藩が優秀な人材に江戸遊学をさせる目的は、勉強ではなくむしろ「交際等」に重心があったのです。各藩が費用をかけて送り込んでくる有為の人材は、将来かならず重要な藩務を担うので、ここで形成される人脈は各藩の外交や情報収集には欠かせないものとなっていたのです。

　江戸遊学中の学問について中洲は、「(昌平黌の) 講義は朱註のままだったので聴かず、自分が求める書物を文庫から借り出しては勉強していた」と語っています。伊勢遊学中に中洲は朱子学だけに固執することをやめて、古学・折衷学・考証学など幅広く学ぶようになっており、江戸遊学中もこの姿勢を維持しました。この間に伊勢と江戸で筆録した大量のノートは、中洲が後に教育者となった際に大きな財産となりました。

話は少し前後しますが、中洲は江戸に向かう途中近江を訪れています。かねて知己を得ていた同年の学友、川田甕江《おうこう》に備中松山藩への仕官を勧める方谷の意向を伝えるためです。川田の生家は玉島（現倉敷市、備中松山藩の外港）の廻船問屋《かいせんどんや》でしたが、甕江の親が早世したために没落し、彼は親類の家で育てられました。幼い頃から学才を示し、玉島で私塾を開いていた鎌田玄渓《げんけい》に一〇年間学びましたが、玄渓の勧めに従い江戸に遊学し、江戸では素封家に寄寓《きぐう》しながら苦学の年月を送っています。

中洲が訪れた当時は、川田の学才が認められ始めた頃で、近江大溝藩に招かれ、間もなく百石をもって同藩に仕官することが内定していました。このとき備中松山藩が提示した条件は大溝藩の半分の五〇石でしたが、結局甕江は松山藩を選択します。こうしてわずか五万石の小藩から、明治漢学界の二大巨星が輩出することとなるのです。

河井継之助の入門

安政六（一八五九）年、中洲は一年間の江戸遊学から帰藩します。するとその後を追うように、ひとりの長岡藩士が山田方谷に入門するために松山城下にやってきました。これが、幕末の北越戦争で長岡藩兵をひきいて官軍に抗戦することとなる河井継之助です。

河井が来訪したこの年、方谷は長瀬という辺鄙な土地に移り住んでいました。ここが現在、JR伯備線の方谷駅が置かれているところです。今日でこそ民家が川沿いに並んでいますが、当時はほとんど人も住まない寂しい地で、高梁川の両岸には山が迫り、日の射す時間も限られていました。藩の元締を後進に譲った方谷は、自ら薦める藩士の土着政策を実践するために、あえてこの厳しい地を選び居を構えていたのです。

河井はなにも方谷のもとで書物を読んだり、学説を聴講するために入門したいと考えたのではありません。河井が江戸から長岡の父親にあてた手紙にはこんな記述が見えます。河井が方谷の実学を実地で学ぶことに高い期待を寄せていたことがわかります。


(江戸にも)才徳をかねた実学の人は少ないと感じていたところ、かねてから噂を聞いて師事したいと希望していた山田安五郎(方谷)が、三月に江戸に出てくると聞き楽しみにしていたのですが、板倉侯が寺社奉行を罷免されたためにそれが実現せず、がっかりしていました。この山田という人は元来農民でしたが、現在は登用されて藩政の中枢にあります。諸国を遊歴している人に尋ねると、現在藩政が最も整っているのは備中松山侯と相馬様（奥州中村藩）だということです。藩侯への仕え方や改革の事業を聞くと山田の人格・実力は共に抜群であり、何とか首尾よく入門を果たしたいと願っています。

河井は方谷を訪ねた翌日に松山城下に戻ると、やがて藩侯の許しを得て方谷と師弟の約を結び、方谷が月の半分城下に滞在する際に藩侯から与えられていた「水車」という施設に寄寓しました。河井は長瀬や水車において方谷と語り、中洲や進鴻渓ら方谷門下とも始終酒を酌み交わして語り合いました。更に方谷の藩政改革の実際を見聞するために、精力的に藩内を歩き話を聞いています。河井は、松山藩では庶民教育や人材登用が盛んなことに瞠目《どうもく》しています。藩校のほかに、城下の鍛冶町、賀陽郡八田部村、飛地の玉島に教諭所があり、ここから人材を抜擢したのでますます学問がさかんになっていました。河井が方谷に、財政再建に成功した上杉家（米沢藩）について問うたところ、方谷は「財政再建、教育振興、富国強兵を並行して進めていると、とかく財政に比重が傾き、教育が疎かになる」、「倹約もいいが、文武が振るわなくては残念だ」と答えました。これを聞いた河井は、「先生の目標は高い」と感じ入っています。

河井が方谷の門を辞し帰藩の途に就いたのは、翌年の万延元（一八六〇）年三月でした。

河井は、方谷から贈られた『王陽明全集』と一瓢《いっぴょう》の酒を振り分け荷物として旅立ちました。

以降、この師弟が再会することはありませんでしたが、河井は帰藩後すぐに松山で学んだことをもとに藩政改革の意見書を提出します。慶応年間からはとくに財政改革に実績をあげ、兵制の改革にも乗り出し西洋式の装備を充実させました。これは、まさに方谷の改革を長岡で忠実になぞったものといえます。

慶応四（一八六八）年の北越戦争で戦死する直前、負傷した河井は長岡藩出入りの人夫請負業松屋吉兵衛に、「汝《なんじ》、山田先生に逢はば、河井はこの場に至るまで、先生の教訓を守りたる旨伝言を頼む」という言葉を残しています。河井継之助享年四二歳。後日これを聞いた方谷は憮然としてひと言も語らなかったといいます。河井の碑を建てるにあたって方谷は碑《ひ》文《ぶん》を依頼されましたが、これを断って、「河井家より蒼龍窟《そうりゅうくつ》（継之助の号）の碑文をたのまれし時」という前書きを付して次の句を残しました。

碑文《いしぶみ》をかくもはづかし死に後《おく》れ

結局、河井継之助の碑文は三島中洲が撰文し、「故長岡藩総督河井君碑」として、現在も長岡市悠久山に建っています。

中洲、藩政の表舞台へ

万延元（一八六〇）年三月に松山を発った河井を追うように、四月には中洲が二度目の江戸遊学に出発しています。この間に江戸では大老井伊直弼《いいなおすけ》が桜田門外で浪士たちに暗殺されるという大事件が起こっていました。

今回、二度目の昌平黌遊学中に、中洲は詩文掛に任じられています。詩文掛は書生寮の書生たちが課題として作った詩文を選ぶ助教的な役目を負っており、学力才能のある者でなければ務まらない名誉ある役目とみなされていました。この時期、明治以降も交際が続く中村正直《まさなお》（敬宇《けいう》）とも親交を深めています。いうまでもなく敬宇は、明治初年のベストセラー『西国立志編《さいこくりっしへん》』の翻訳者にして、啓蒙学術団体明六社《めいろくしゃ》のメンバーとなった人物です。昌平黌遊学の経歴は、中洲の明治以降の活動に決定的な意味を持ったと思います。

井伊大老の政権下で冷遇されていた板倉勝静は、翌万延二（文久元）年、再び奏者番《そうじゃばん》兼寺社奉行に任じられ、方谷も江戸に呼ばれて勝静の政治顧問役を務めることとなりました。方谷は勝静が最初に寺社奉行に就任した時から、政治顧問として幕政に注視してきましたが、人材が払底した幕府ではとてもこの激動の時代を乗り越えることはできないと見ていました。勝静が初めて方谷を伴って江戸城に登城した後、「天下の大城を見て驚いたろう」と機嫌よく尋ねると、方谷は「あれは大きな船でございます」と答えました。勝静が「どういうことか」と再び尋ねると、方谷は「下は千尋《せんじん》の波でございます」と答えたため、勝静が機嫌を損ねたという逸話が残っています。方谷の目に、江戸幕府は歴史の大波に飲み込まれようとする難破船にしか見えなかったのです。こうしたやさき、方谷は突然、愛宕《あたご》下の路上で吐血して急病に倒れます。そこで中洲は昌平黌遊学の予定を切り上げて、急病に倒れた方谷を扶助して帰藩することとなりました。備中松山藩がいよいよ中洲の力を必要としていたのです。

遊学中、中洲は藩に学制改革を提言しています。文久元（一八六一）年四月に帰藩した中洲は藩校有終館学頭と吟味役に任ぜられ、学制改革を実行に移すこととなりました。このとき中洲が行った学制改革の眼目は、漢学だけでなく洋学を兼修させることと、三級及第者以上に扶持米を出すことでした。実学としての洋学の必要性と、さらなる人材登用が急務となっていたことがわかります。こうした洋学の採用からは、当時の中洲が後世の我々が想像するよりもはるかに柔軟で闊達な思考をもっていたことを窺わせます。それがよく表れている文献に、「交易策」など一連の論策があります。

中洲32歳のときに開いた
漢学塾・虎口渓舎址

方谷は早くから開国・交易を主張していましたが、「交易策」において中洲は更に踏み込んだ議論を展開しています。一方的に外国からの船を受け入れて交易しているだけでは日本人は不利益を被るばかりなので、自らも大船を仕立てて中国、インド辺りまで交易に出るべきである、また日本の金銀交換比率は不利なので改めるべきである、と主張しています。

もうひとつ、帰藩後の中洲の動きとして重要なのは家塾虎口渓舎《ここうけいしゃ》の開塾です。中洲は登用と同時に、藩主から松山城の登城口に宅地を下賜《かし》されました。ここに家を建てて開いたのが虎口渓舎です。虎口渓舎は、明治五（一八七二）年に中洲が明治政府に出仕して東京に上るまでの一一年間にわたって続けられ、藩内外から多くの青年を集めました。

勝静の老中就任

文久二（一八六二）年三月から元治元（一八六四）年六月までと、慶応元（一八六五）年一〇月から慶応三年一二月までの二度、勝静は幕府の老中となり、対外政策を担当しました。二度目は老中首座《しゅざ》として、徳川幕府最後の宰相を務めることになります。これにともない方谷は再び政治顧問を務めるようになりました。

勝静―方谷―中洲は、幕政参画にあたってどのようなプランを抱いていたのでしょう。勝静が上位の譜代大名として幕政に参画する目的はただ一つ、幕府の威信回復です。方谷―中洲は、そのためには幕府が義を貫くことが最善の策であり、勝静にも義に徹することを求めました。これが最大のポリシーであり、臨機応変の策はここから派生してきます。

先に幕府が米国使節の求めに応じて開国の道に踏み出したことを「幕府に人あり」と評した方谷は、元来開国・交易論者であり、備中松山藩の開国・交易論も決して観念的なものにとどまらず、米国製の帆船を購入し、まずは藩際貿易を行い、いずれは清国や東南アジアにまで進出しようと準備を進めていたのです。

しかし、当時の世相は、本来別々な名分論であった尊皇思想と攘夷思想が結びつき、朝廷が命じる攘夷を実行しないのは朝廷を軽視することであるという尊王攘夷論が唱えられ、一方で幕府がやらないのならば自分たちが攘夷を行うという藩が現れるに至り、それまで絶対的であった武家社会における幕府の権威は急速に失墜していきました。これを回復する道は、幕府自身が積極的に朝命を奉じ攘夷を断行する以外になかったのです。この道理を洞察したその瞬間、開国論者・山田方谷は一転して攘夷論者に豹変しています。

一方、中洲には文久二（一八六二）年一〇月、勝静から西南雄藩の周辺探索の命が下されました。幕府首脳として、また中国地方を領する藩主として、薩摩、長州など西南雄藩だけでなく、その周辺の人心の実情を把握しておく必要を感じていたのでしょう。中洲の行程は備後《びんご》、安芸《あき》、周防《すおう》、長門《ながと》、豊前《ぶぜん》、筑前《ちくぜん》、肥前《ひぜん》、肥後《ひご》、長崎《ながさき》、日向《ひゅうが》に至り、松山城下に戻ったのは翌文久三年二月のことでした。

混乱の京

三条実美《さんじょうさねとみ》・姉小路公知《あねがこうじきんとも》らが勅使となって江戸に下り、幕府に攘夷を迫ったのは文久二年一〇月のことです。翌年二月には、勅命に応えるために将軍家茂《いえもち》が京都に上り、勝静も家茂に従って上洛します。一旦帰国していた方谷が、勝静に呼ばれて京都に上ったのが同年の四月です。この時、方谷は時務三策を進言しています。左はその要約です。

一、勅命に応える信義を立て、江戸での論議（江戸留守の老中や幕吏たちは攘夷に反対）にかまわず攘夷を実行し、国内の紛乱（尊皇派の策動）を取りしずめること。
一、一身のご進退を潔白にされて、名分を正しくされること。
一、信義がたつかどうかにはかまわず、江戸の論議に味方して、外国と和睦《わぼく》し、国内の紛乱に攻撃をかけること。

第一策は、方谷がかねてより主張している攘夷決行の最上策です。

第二策は、もしそれができないのならば即刻老中を辞職すべきである、という勝静に対する勧告です。

第三策は、もっとも下策で採用すべきではない愚策です。

方谷はひとつの事柄に対して、必ず上中下の三策を用意し、その中から勝静に選ばせることが常でした。将軍が留守にしている江戸では、上策の攘夷など問題外という空気でしたが、京で将軍が朝廷から攘夷決行を迫られているいま江戸でこれができるできないと議論をすること自体が条理に適わないことであり、これを方谷は激しく批判しています。攘夷を騒ぎ立てる薩摩、長州を抑えて、幕府が率先して攘夷を決行し政治の主導権を握るのはこの時しかなかったのです。結局、朝廷から責めたてられる形で、幕府は苦し紛れに攘夷の期日を五月一〇日と奉答し諸藩に布告しましたが、これを本気で受け取る者はいませんでした。自らの主張が行き詰まったことを理解した勝静は、方谷に老中辞職の草案を書かせて辞職を願い出ましたが、将軍や幕府の重臣たちの懇請によって辞意を撤回せざるをえませんでした。この直前に松平春嶽《しゅんがく》が、できもしない約束をすることは士道に反する、といって総裁職を辞任し越前に帰ってしまったのです。この春嶽の行動は方谷が勝静に示した第二策であったため、これで勝静は次善の策を行使するチャンスを失ってしまったのです。

事ここに至っては臣下としてなすすべなく、中洲も勝静が他の幕閣に引きずられて攘夷を断行できなかったことに絶望しますが、勝静はその中洲に対して吟味方就任を命じます。これに対し中洲は四〇歳前には儒官以外に任じないという仕官時の約束を持ち出して断りますが、結局は説得され引き受けざるをえなくなるのです。

幕末の動乱と松山藩

この文久三（一八六三）年の夏秋、長州と薩摩では時代を大きく動かす事件が起きました。幕府が朝廷に対し攘夷決行を約束した五月一〇日には、長州藩が関門海峡を封鎖し航行中のアメリカ、フランスの商船に砲撃を加えるという暴挙に出ます。これに対し六月一日にアメリカの軍艦が砲台を報復攻撃し、更に翌元治元年八月の四国艦隊下関砲撃に発展します。そしてこの武力衝突が、攘夷に凝り固まっていた長州藩の藩論転換につながります。

　薩摩藩も前年に起こった生麦《なまむぎ》事件の賠償交渉の難航から、七月二日にイギリス艦船と鹿児島湾で交戦し、善戦したものの鹿児島の街を焼失する被害を受け、こちらも攘夷が不可能であることを思い知らされます。

　一方、八月に入ると薩摩からの働きかけにより会薩（会津・薩摩）同盟が結ばれ、京では公武合体《こうぶがったい》派が権力を掌握し、八月一八日のクーデターによって長州藩は京都から追放され、三条実美ら尊攘派七卿が長州に落ちていきました。

　京都から追放された後も攘夷派が藩論を主導した長州藩は、再び朝廷への勢力伸長を試み、会津藩と京都蛤《はまぐり》御門《ごもん》付近で衝突して、禁門《きんもん》の変が起きます。この際長州兵が御所に発砲したことから、幕府が西南二一藩に出兵を命じて、第一次長州征討が実行されます。この時、備中松山藩も出陣を命じられ、松山に帰っていた勝静は藩兵を率いて広島に向かいました。中洲も小荷駄《こにだ》奉行兼陣馬《じんば》奉行として出征しています。このときの長州藩は八月の四国艦隊砲撃によって大打撃を受けており、藩論は分裂し、藩主が恭順の意を示したことから大きな戦闘にはならず、終結しました。

翌慶応元（一八六五）年一〇月、京都にいた将軍家茂から召されて勝静が上洛すると、老中に復職することを命じられます。国元の方谷らは強硬に反対しましたが、勝静は辞退できずこれを引き受けてしまいます。時勢はいよいよ幕府側に不利に傾き、第二次長州征討が思うように運ばない中で薩摩と長州の同盟が結ばれました。従来、幕政を改革し公武合体を進める立場であった薩摩藩が、いよいよ長州藩と同盟して討幕に舵を切ります。慶応二年正月のことです。

同年七月には将軍家茂が大坂城で病死、一二月には孝明天皇が崩御、慶応三年正月には睦《むつ》仁《ひと》親王が践祚《せんそ》しました。一〇月には土佐藩が幕府に対して大政奉還を建白、討幕の密勅《みっちょく》が薩長二藩に下されると、十五代将軍徳川慶喜《よしのぶ》が機先を制して大政奉還を願い出て許可されます。一二月には朝廷が王政復古を宣言します。しかしこの時点ではまだ天下の形勢は決していませんでした。

佐幕、それも藩主が老中首座を務める松山藩にとって、大政奉還、王政復古の政治状況は厳しいものとなりました。慶応四年正月四日、薩摩藩からの一発の砲弾によって鳥羽伏見の戦端が開かれます。正月一六日、新政府は早くも岡山藩主・池田茂政《もちまさ》に松山藩征討の命令を下します。その内容は、「板倉伊賀守こと、徳川慶喜の反逆の妄挙を助け、その罪は天地の間に逃れるところはない。よって征討を仰せつける」というものでした。直前になって藩論を勤王に決した岡山藩にとって、これは態勢を建て直す千載一遇のチャンスでした。

命令が出る二日前の一四日に、すでに征討軍は松山城下まで南一二キロの美袋《みなぎ》村に入ります。これに対し松山藩では重臣が協議し、謝罪使を派遣することとなりました。家老の大石隼雄《はやお》を正使とし、中洲と横屋譲之介が副使として付き、鎮撫使の陣営に赴きました。鎮撫使側からは謝罪書が要求され、その草案が手渡されました。三人はこれを藩庁に持ち帰りましたが、草案の中にあった「大逆無道《たいぎゃくむどう》」の文言が事態を紛糾させます。

方谷はこれを見て、「わが藩公には断じて大逆無道の行為はない。この四字を謝罪文の文面から除かなければ、臣下が藩公に大逆罪を押しつけることになる。その責任は重大であるから自分は刃に伏して死ぬ」と自決の決意を示しました。方谷の意見によって藩論がまとまり、この四字を改めることを鎮撫使側に要請することになりました。副使として交渉に当たった中洲は、方谷年譜の附評に次のように記しています。

この時に美袋村と藩庁との間には、手紙や飛脚の往復が激しかった。岡山藩では容易にわが方の要求を受け入れず、家老の大石は号泣し、われら二人は哀願すること数時間に及んだ。先生（方谷）の覚悟のこともあり、われら三人も刃に伏して自決する覚悟であった。もし要求が受け入れられず刃に伏して自決すれば、直ちに戦争となり、松山藩は血戦の場となったであろう。当時を回顧すると涙がはらはら散る思いである。

結局「大逆無道」は「軽挙妄動」に書き改められ、松山城は無血開城を受け入れることとなりました。慶応四（一八六八）年正月一八日のことでした。藩侯不在の中、謝罪書の文言に筋を通し、藩士、領民にも大きな犠牲を出すことなく、維新を迎えるかに見えた松山藩でしたが、開城の翌日大きな事件が惹起されます。

鳥羽伏見の戦に敗れ、勝静が将軍に付き従って江戸に逃れた後、大坂城には大勢の幕臣・藩士たちが取り残されていました。松山藩士は剣術師範役であり家老格の熊田恰《あたか》が指揮して帰藩するよう命じられます。大坂から乗った船は天候不順に見舞われ、一〇〇人を超える藩士は松山城明け渡しの状況を知らぬまま、三々五々玉島港に到着しました。これを岡山藩兵が再び包囲します。松山藩ではすでに城を明け渡していることでもあり、熊田の一行も同様に謹慎しているのであるから、寛大な処置を願いたいと申し出ますが、岡山藩の鎮撫使は責任者の首級を出せと迫り、結局、熊田が自らの切腹と引き換えに部下の助命を願い出て、それが認められます。この死によって松山藩の恭順は完全なものとなり、次の時代を迎えることができたのでした。

明治初年の松山

熊田の犠牲はあったものの、藩主不在の中で方谷を中心とした松山家臣団は見事に藩と領民を守り抜きました。しかし、藩というものは主君がいなければ一日も立ちゆきません。肝心の藩主勝静は、江戸の中屋敷から日光に移り謹慎していました。ところがここに大鳥圭介率いる旧幕軍の一隊がやってきて、事態は一変します。結局、勝静と世嗣《せいし》の勝全《かつまた》は彼らと行動を共にして、一時行方不明になってしまうのです。

川田甕江ら松山家臣団が藩主父子の探索に全国を駆け廻ったのはこの時のことです。藩士たちは藩主の血筋を引く江戸の分家から勝弼を迎えて国元に連れ帰り、これに家督を継がせて板倉家をかろうじて存続させようとします。しかし、勝静の消息が不明のままでは板倉家が旧封を回復することは認められず、九月に明治と改元されたこの年の暮、勝静父子が榎本武揚らとともに箱館に立てこもっていることが判明したのを受けて、板倉家存続のためには勝静の自首しかないと判断した家臣団は、かねてから知り合いの外国船を使って箱館から旧主を奪還します。

こうして翌明治二（一八六九）年四月、勝静は明治政府に自首、八月には終身禁固（のちに特赦により釈放）となり、勝弼の板倉家相続の裁定が下されます。慶応四（一八六八）年正月以来、松山城下に駐留していた岡山藩兵が九月には撤兵し、つづく一〇月には松山藩五万石は二万石に減封され、藩名も高梁藩と改められましたが、勝弼が藩知事となり旧に復した領内は喜びに沸き立ちました。

更に明治四年の三月には勝静、勝全父子が禁固を緩められ、東京の私邸に入っています。そして七月、明治維新の節目となる廃藩置県が断行されました。

司法省への出仕命令

中洲に司法省出仕の徴命が下されたのは、翌明治五年七月のことでした。翌八月には上京、九月一三日には司法省七等で出仕しています。それを決断させたのは、この年の二月に行われた勝静父子の正式な赦免であったと考えられます。もちろん方谷にも出仕について相談をしています。方谷は次のように答えて、その出仕を後押ししました。

足下就任の後、至誠惻怛《しせいそくだつ》、国家のためにするの公念に出でずして、名利のためにする私念に出ずれば、たとい震天動地の功業あるも、また一己の私を成すに過ぎざるのみ……（この度の奉職についてはあくまでも至誠惻怛、国家のためという一念に拠るべきであり、名利のためなどの私念がわずかでもあったなら、たとえ立派な実績を残しても評価されないだろう）。（「方谷年譜」）

中洲にしてみれば、備中松山藩士たちは幕末の政治闘争に敗れ心ならずも朝敵の汚名を被せられたが、自分はあえて旧藩主や旧藩士たちの分まで、天皇親政の新しい時代に国家のために微力を尽くそうと考えたのでしょう。そこには少しの私心もありません。上京直後に方谷に宛てた手紙にも、中洲のそうした真情が表れています。

中洲晩年の筆跡

右裁判所権大判事玉乃と申す男、元々学力才力ともにこれ有り、御一新以来民部大蔵司法諸省閲歴し、すこぶる吏事に練達し、不可と申処これ有るなし。当省中にて一、二の人物に御座候。この男松山旧政を能く承知。先生の御事は細く存じ申し候。出京の上の事喜ぶべき事承り候。高梁にて山田同志の者は勤王家と朝廷にて元より承知の由。それゆえ去る八月、先生を御用成され度き議論これ有り。年齢を川田へ問合せこれ有り。御老体に付、とても御出仕はこれ有る間敷と申事にて、朝議も止み申候由。引続き川田や私や出候は、全く勤王家と朝廷へ通り候故の事と承り候。

新政府内では、方谷門下は勤王で通っている、このたびの川田や自分に対する徴命もそのおかげであると知らせているのです。

中洲は一一月に東京裁判所勤務を命じられました。司法卿の江藤新平は、廃藩置県が行われた明治四（一八七一）年の一二月に東京裁判所を設置し、これを嚆矢《こうし》として明治五年の八月には神奈川、埼玉、入間、足柄、木更津、新治《にいはり》、栃木、茨城、印旛《いんば》、群馬、宇都宮、続いて九月には兵庫、京都、大阪、静岡、浜松、額田《ぬかた》、滋賀、三重、愛知に設置しています。

いうまでもなく裁判権は国家権力の基本です。司法制度は、明治新政府が新国家体制の樹立を内外に示すために一刻も早く取り組むべき課題でした。ところが、この時点では憲法はおろか、刑法も民法もありません。しかも未曾有の社会変動により、全国の地方政府には膨大な訴訟が持ち込まれていました。十分に法律が整備されていなくても、司法の現場では任命された判事は判決を下さねばなりません。特に刑事事件は待ったなしの状況にあります。こうした状況を受けて、明治政府は原則的にフランス法に則ることとし、明治五年に弁護士のブスケ、六年にはパリ大学教授のボアソナード博士を招請しています。司法省の官吏となった中洲も、早速ブスケやボアソナードからフランス法（民法）の講義を受けました。しかしこうした取り組みが民法典として実を結ぶのはまだまだ先のことです。

一方、最初に定められた刑法典は、明清律や江戸時代の刑法を参照して作られた『新律綱領』でした。中洲は明治六（一八七三）年三月末日、司法権少判事に任じられ、当初足柄裁判所に辞令が出ましたが、出発前に変更となって五月に新治裁判所長となります。中洲もこうした明清律を規範とした法律に則り、また司法卿からの指示に従い、わずかに二年の在任期間に一〇〇件以上の訴訟を裁いています。

明治八年四月、中洲は東京裁判所勤務の辞令を受けました。五月に大審院が設置され、中洲は翌年二月に大審院民事課に転任します。この月、汽船衝突訴訟の臨時裁判のために大審院に七人の判事が特選されると、中洲もその一員となっています。明治新政府は、日本史上ほぼ初めての全国的な統治を行う政府であり、国家規模の事件、訴訟が新政府の大きな課題となってきたのです。

しかしながら、明治一〇（一八七七）年六月、中洲は大審院判事の職を失います。この時期、司法省にとどまらず多くの人事異動があり、高給をとっていた外国人教師なども多く辞職しています。これは西南戦争の膨大な出費に伴う経費削減がその主因と考えられています。

三島中洲が考えたこと

大審院判事を辞職した後、三島中洲は明治一〇年一〇月一〇日に二松学舎を創立しています。中洲はこの時の経緯と決意を晩年、渋沢栄一に学舎の将来を託してあてた手紙のなかに記しています。

（明治一〇年）政府ノ御仕法ニテ大審院判事尽ク廃官ト相成、小生モ浪人無職ノモノト相成、熟考スルニ諸藩世禄ト違ヒ、自活ノ計ヲ為サザル可ラズ、又世間ヲ顧レバ、洋学盛行漢学絶滅セントスルヲ慨シ、一ハ漢学再興ノ為メ、一ハ自活ノ為メ、二百円ノ涙金ヲ以テ邸内ニ小学舎ヲ建テ、背水ノ陣ニテ開業致候。

ひとつの理由は自活のためであったとしつつ、「洋学盛行、漢学絶滅」に対する憤慨という言葉の中に明治初年当時の危機的な状況を滲ませています。ではなぜ中洲は、漢学が絶滅してはならないと考えたのでしょう。

中洲には海外留学経験はありません。司法省時代にフランス民法の講義を通訳を通して聞いていたにせよ、オランダ語も英語もフランス語も学んだ形跡はありません。しかし、だからといって彼には洋学あるいは西欧文明に対するコンプレックスのようなものは、まったくありませんでした。なぜなら彼らは幕末にいち早く実学としての洋学の必要性を知り、軍事、経済にはその成果を積極的に取り入れていたからです。備中松山藩では軍制や交易

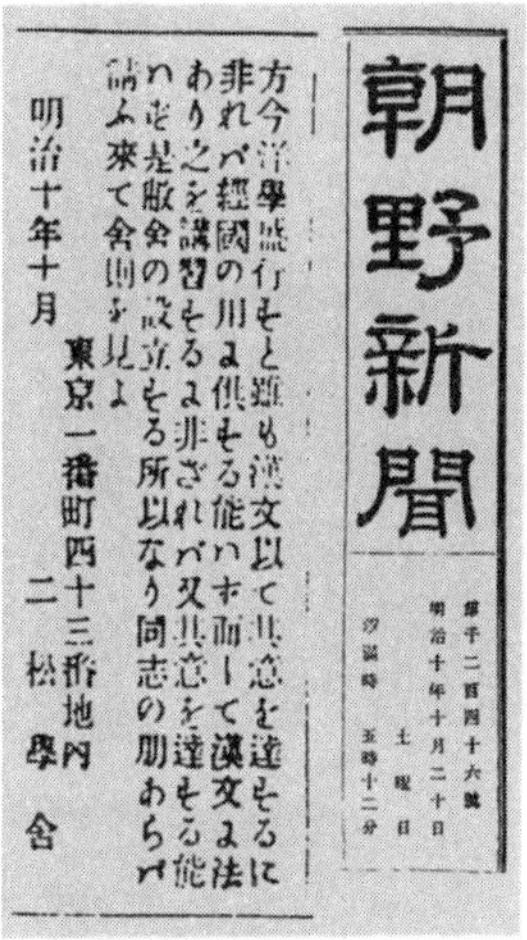
朝野新聞

第千二百四十六號
明治十年十月二十日　土曜日

方今洋學盛行すと雖も漢文以て其意を達するに非ればバ經國の用に供する能ハず而して漢文に法あり之を講習するに非ざればバ又其意を達する能ハざ是般舎の設立する所以なり同志の朋あらバ請ふ來て舎則を見よ

明治十年十月
東京一番町四十三番地内
二松學舎

朝野新聞に掲載された学生募集の広告（明治10年10月20日）。文面からは、欧化の風潮に抗した中洲の意気込みが感じられる

については洋学が早くから活用されました。藩の学制を改革して洋学を兼修としたのは他ならぬ中洲です。港を開いて外国船を受け入れるだけでなく、日本も巨船を仕立てて中国やインド辺りまで交易に乗り出すべきだという「交易策」を著したのも中洲でした。

つまり「洋学盛行、漢学絶滅」に憤慨するといっても、彼には洋学を排する気持ちも必要性もまったくありませんでした。むしろ彼我の文明を比較して、足らざるところがあればそれを吸収するのは当然であるという考えでした。至極真っ当な考え方であると思います。中洲が明治二二（一八八九）年に著した「強肉弱食の説」は、西洋文明と東洋文明を冷静に見比べ、正しい態度でこれを取捨選択することの重要性を分かりやすく述べています。

アジア、アフリカや南米が西洋諸国に収奪されている姿を指して、現今の世界は弱肉強食であるという声ばかりが聞こえてくるが、広く自然界を見ると決して弱肉強食ばかりではない。昆虫や細菌が猛獣の肉を喰らうなど、強肉弱食の例は珍しくない、と説き起こします。そして、こうした真理を理解していれば、彼の文明に対していたずらに卑屈になることもなければ、無謀な闘争心を起こして破滅的な行動に出ることもない、と述べています。この後一〇〇年に起きたことを知っている私たちは、何か「未来記」を読まされているような気持ちにさえなります。

……柔制剛の道は、即ち本題強肉弱食の理なり。故に小弱の国なりとて、頭を投げて卑屈し、とても及ぶべからずとあきらめすぎて、人種までも変じてしまふがよしと云ふは、臆病未練の極なり。又彼強大を羨み、一足飛びに彼と肩を並べんとすれども、背よりこれを危み、足を引き進退窮まり、益を得んとして損を取るは軽躁浮薄の至なり。又彼の強暴を憤り、己の力を量らず、これに抵抗し、自ら敗禍を招くはもっとも無謀粗暴のことなり。この三弊に陥らずして、柔よく剛を制すの道を考究すれば、十分強肉弱食は出来うべきものと信ず。（「強肉弱食の説」）

これこそ明治初期における数少ない「大人の論」でした。

第一章に述べたように、方谷が修業時代に私淑した帆足万里は、学問的探求から発して、世界における日本の立場や力を知り、富国強兵の必要性を説きました。こうした考えは彼一人だけではなく、蛮社の獄に倒れた洋学者たち、また方谷と同世代の横井小楠、佐久間象山、斎藤拙堂らも同様の認識を持っていました。しかし彼らは、自分たちが到底西洋人にはかなわないなどとは誰一人考えてはいませんでした。今は彼我の実力に大きな開きがあっても、日本人の勤勉さや学習能力、仁義忠孝などのモラルをもって事に当たれば、いくらでも挽回

三島中洲肖像（小川一真写真彫刻銅板及印刷）

が可能である。だからこそ、洋学をしっかり学ばねばならない。それが彼らの真意でした。

彼らがこうした認識を持ちえたのは、「漢学」という漢字漢文による学問を学び、そこに普遍的な真理があることを確信していたからです。孔孟の教えを学ぶことは外国の思想を学ぶことではありません。「道を知る」とは人間としていかに生きるべきかを学び考えることに外なりません。また、漢文を読み書きすることは、それを通して論理的な思考と論理的な言語表現を身につけ、自分自身を高め他人にも理解させることであり、それが漢学の目的なのです。

「実学としての洋学」には、法学、哲学、文学のような人文科学もあれば、物理、化学、医学といった自然科学もあるでしょうが、それらは「活用」すべきものであって、「活用」する主体の「精神」に、私たちはもっと注意を向けなければいけません。

西洋社会にはキリスト教「精神」があります。では、われわれ日本人の場合はどうでしょう。われわれは西洋とはかなり違った歴史、文化、価値観の中で生きてきたのです。ところが日本の近代化の歩みがあまりに性急であったために、ともすると自らの文化伝統を否定したり軽視したりする傾向も見られました。中洲が抱いた危機感とはまさにこのことでした。

方谷は、慶応三（一八六七）年に勝静の政治顧問を務めるために出張していた京都で、西周を訪ねています。西はこの二年前に四年にわたるオランダ留学から帰国して『万国公法』を訳し、当時は慶喜の政治顧問となっていました。洋学の重要性を認識し、松山藩士を西の下に送っていた方谷は、西洋の政治、軍事、法律の諸制度について次々と質問を重ね、西も熱心にこれに答えました。問答の最後に方谷は尋ねました。「では、これらを我が国に応用実施する方法順序はどうなさる」。西はぐっと答えに窮したそうです。

もちろんこれは、西ひとりに与えられた課題ではありません。これはもっと長い時間をかけて、多くの人々が取り組んでいかねばならない課題です。果たして現在の私たちは、この課題をすでに過去のものだと言いうるでしょうか。

日本人のバックボーンとなった学問＝漢学をしっかりと身につけ、そのうえで西洋文化の優れた部分を吸収する。そして、それを日本社会に定着させる過程を工夫する。その目的を達するためにこそ、漢学を正しく教授する教育機関が必要でした。その責任を中洲ははっきりと自覚していました。

それが二松学舎の建学の精神であり、それを担った多くの塾生がこの学窓から飛び立っていったのです。

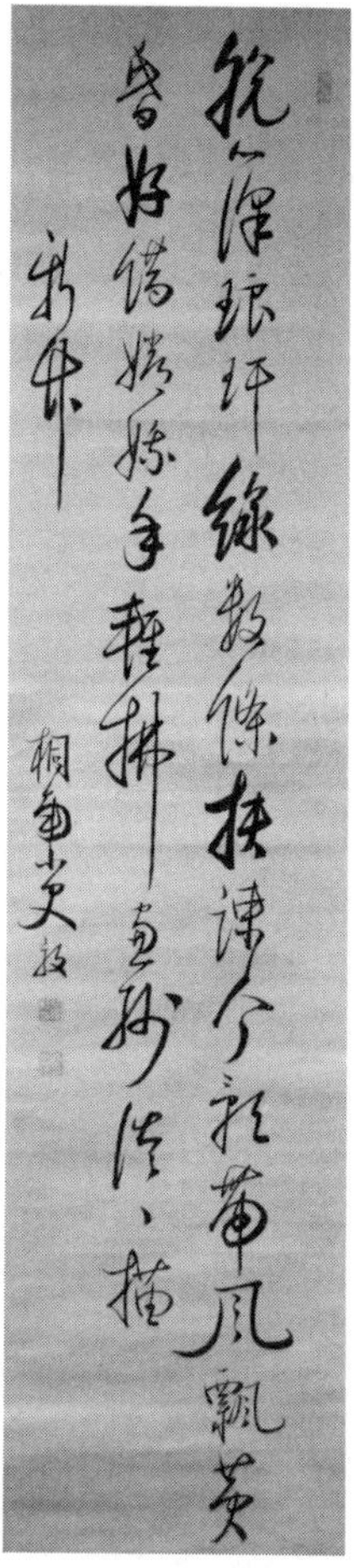

七言絶句「新竹」。若い頃の作で、師方谷の影響を受けた繊細怜悧な書風

籜《たく》を脱せる琅玕《ろうかん》緑数條　扶疎《ふそ》として个影風飄《かんえいふうひょう》を帯ぶ
黄昏嫦娥《こうこんじょうが》の手を借りて　軽く窓紗《そうさ》を拂《はら》ひ淡々と描くに好し
新竹　　桐南《とうなん》小史毅

卒業生からのメッセージ ②

論語塾講師
安岡定子（やすおか　さだこ）

昭和60年文学部中国文学科卒業。陽明学者・安岡正篤の孫。現在、「銀座寺子屋こども論語塾」、「斯文会・湯島聖堂こども論語塾」等、都内の講座以外に宮城県塩竈市、宮崎県都城市、茨城県水戸市、京都府京都市等、全国各地で定例講座は23講座に及び、幼い子どもたちやその保護者に『論語』を講義している。

学生時代が遠い昔になった今でも、ふと当時を思い出すことがあります。思い出は、自分の置かれている環境や、その時の心情によって、浮き出てくる場面が異なります。今の私が大事にしているのは指導して下さった先生の存在です。先生のお話が、いかに豊かな内容であったかを、今頃になってようやく理解でき感激しています。学生時代に限らず、過ぎてからその本当の価値や大切さを実感するのが、思い出というものなのでしょう。

卒業して十年以上経った頃、もう一度漢文に触れてみたいという気持ちが湧いてきました。地元の区が主催している区民大学に『論語』の講座を見つけて、すぐに申し込みました。

私にとっては心躍る講義でした。味わうとはこういうことなのか、と。『論語』は学生時代に読んでいましたが、それは単に漢文を読んでいるだけで、理解も表面的でした。

　この講座での出会いや学びが、後にこども論語塾の講師になるきっかけになりました。講座の話を楽しげにする私を見ていた母が何気なく、「二松があなたを育ててくれたおかげね。よかったわね」と一言。

　今も印象深く私の心に刻まれています。確実に原点は二松学舎大学の四年間なのです。漢文の読み方や基礎知識を徹底的に指導して頂きました。それがあったからこそ、もう一度『論語』に触れてみたいと自然に思い、味わえた時には大きな喜びと満足感を得られました。

「学生時代にもっと真面目に学んでおけばよかった」とよく言われます。確かに学ぶべき時に学ぶことは大事ですが、年齢を重ねて深まるものがあります。学生時代が基礎編だとすれば、社会に出てからは実践編でしょうか。基礎があれば、その上にどんなものでも築けます。

　論語塾講師をしながら、中学校・高校の国語科講師を務める機会にも恵まれました。専任の教諭や講師の方々の中に、同窓の先輩もいらっしゃいました。どんなに心強かったことか。また小学校教諭をしている同級生とは、行政が主催する論語イベントで、一緒に活動しました。

　社会で信頼を築いている先輩や後輩、同級生、そしてその人材を育んで下さる先生方に感謝をしつつ、二松学舎大学の卒業生である誇りを持ち続けたいと思います。

第三章　二松学舎の学窓Ⅰ——漢学塾篇

明治一〇（一八七七）年の開学から今日まで、二松学舎は大きく三つの段階を経て発展してきました。

第一期は開学の精神を墨守《ぼくしゅ》した漢学塾時代で、これは昭和三（一九二八）年の春まで続きました。

第二期が、国語漢学教育者養成に発展させた専門学校時代です。

そして、戦後学制が大きく変わる中で行われた新制大学化は、今日の二松学舎大学に引き継がれています。

本章では漢学塾時代の在塾者を中心に紹介します。

司法界と陸軍に人材を輩出

漢学が急速に衰微《すいび》するなか、二松学舎は明治一〇年の開学時から一部の若者の注目を集めました。そこには漢学界における中洲《ちゅうしゅう》の盛名もありましたが、実は司法省法学校や陸軍士官学校が試験に漢文を用いたという事情もあったのです。

司法省では明治九年夏に新たに司法省法学校を設立して百余名の学生が入学しましたが、その試験は漢文で行われました。ただしこれは試験だけで、入学後の四年間の授業はフランス語で行われ、ブスケやボアソナードが教鞭をとりました。

試験に漢文を用いる方針を立てたのは大木喬任《おおきたかとう》司法卿でした。大木は政府部内の風潮があまりに西洋主義に傾いているのを憂慮し、とくに司法の学生には漢文の素養のある者を選んだと、のちに語っています。

これは、二松学舎開学時の中洲と憂いを同じくする人が少なからずいたことを証明しています。

これによって、法学校受験者の多くが二松学舎を始めとする漢学塾の門を叩きました。よく知られるところでは、行政法の織田萬《おだよろず》、民法の岡村司《おかむらつかさ》の両博士がいます。両者は同じ年に二松学舎を受験し、その後法学校に入っています。

大審院検事、朝鮮高等法院検事長などを歴任し、のちに二松学舎理事も務めた国分三亥《こくぶさんがい》もその一人でした。ちなみに国分三亥は、『魚水実録《ぎょすいじつろく》』を編纂した備中松山藩士、国分胤之《こくぶたねゆき》の子息です。

こうした事情は、陸軍士官学校でも同様だったようです。岡田起作《おかだきさく》が『二松学舎六十年史要』で、「それは士官学校が漢文の試験で人を取った為でございます。それ故三島門には陸軍の中将級の人がずいぶん居ります」と記しています。

軍関係の著名士では、福島安正《ふくしまやすまさ》大将が明治一〇（一八七七）年二松学舎に学んでいます。福島大将は軍を率いた経験はありませんが、その経歴の始まりが司法省であったように、能《のう》吏《り》であり、かつ語学に秀でた学究肌の人物だったようです。とくに有名なのは、明治二五年駐ドイツ公使館付武官から帰任するにあたり、単騎でユーラシア大陸を横断するという大冒険を敢行したことです。

これはベルリンからスタートし、モスクワからウラル山脈を越え、シベリヤから蒙古《もうこ》、再びシベリヤに入って黒竜江の氷上を渡って満州に入り、三度シベリヤを通って二六年六月にウラジオストクを経て帰朝するという壮挙でした。当時この大冒険に国民は興奮し、大きな話題となりました。中洲もこれを大いに喜び、「福島中佐単騎遠征を詠ず」などの詩を残しています。

日露戦争における遼陽《りょうよう》の開戦で壮烈な戦死を遂げて軍神とされ、小学校教科書に「橘中佐」が掲載された橘周太《たちばなしゅうた》も明治一三年二松学舎に学んでいます。

同じく日露戦争の際諜報任務で活躍した花田仲之助《はなだなかのすけ》も在塾者でした。二松学舎は寄宿料が安いこともあって、薩摩の師弟が一団となって寄宿していましたが、花田もその一人であったようです。日露戦争後、彼は農村の復興を促す報徳運動の主唱者となり、全国各地に報徳会を普及させました。これは半官半民の幅広い国民運動として明治末から第二次大戦期まで続きました。

二松学舎に学んだ政界の重鎮たち

明治二三年の第一回衆議院議員総選挙での当選以来、四二年間で一八回連続当選という、尾崎行雄《ゆきお》（咢堂《がくどう》）に次ぐ記録をもつ犬養毅《いぬかいつよし》（木堂）は、二松学舎と共慣義塾を経て慶應義塾に学んでいます。

明治から昭和を駆けぬけた犬養毅も二松学舎で学んだ
（共同通信社提供）

犬養は、備中国賀陽郡庭瀬村（現岡山市）の大庄屋の次男として生まれました。同郷の先輩に川田甕江がいたことから、明治漢学界で盛名を馳せていた安井息軒《やすいそっけん》に憧れ、上京します。

職業人としてのスタートは、郵便報知新聞、秋田日報、朝野新聞などの記者でした。明治一五年に大隈重信《おおくましげのぶ》の立憲改進党に入党。明治三一（一八九八）年の第一次大隈内閣では尾崎行雄の後を受けて文部大臣となります。第三次桂内閣打倒に奔走し、尾崎行雄とともに「憲政の神様」と呼ばれました。

彼自身は小政党を率いることに限界を感じ、一時政界から引退しますが、支持者はこれを許しませんでした。やがて、政友会総裁の田中義一《たなかぎいち》の死や若槻《わかつき》内閣の崩壊により、七六歳という高齢で内閣総理大臣に就任します。世界恐慌や満州事変など国政が困難をきわめた時期の就任でした。大蔵大臣には高橋是清《たかはしこれきよ》を起用し、金輸出再禁止など積極財政をとって不況対策に努めました。

昭和七（一九三二）年五月一五日、犬養は休日のこの日を総理官邸で過ごしていました。そこに夕方五時半、海軍の青年将校と陸軍の士官候補生の一団が乱入してきます。犬養は少しも慌てず、将校たちを応接室に案内しました。その直後、ピストルの音が響き、家人が駆けつけると、犬養は「いま撃った男を連れてこい。よく話して聞かすから」とはっきり命じたと伝えられています。絶命は、午後一一時半でした。

今日、この五・一五事件は、昭和史の転換点となったと言われますが、犯人の多くは重罪に問われることなく数年後には釈放され、中国などで枢要な地位につきます。政治家たちはテロを恐れるあまり、軍に反対する言動を差し控えるようになります。ここから日本は軍閥政治に向かい、昭和二〇年夏の破局を迎えるのです。

もう一人、政界の巨頭が二松学舎に学んでいます。明治の元勲《げんくん》大久保利通の次男、牧野伸顕《まきののぶあき》です。

彼は大久保家に生まれましたが、生後間もなく親戚筋にあたる牧野吉之丞の養子となります。一一歳で実父に伴われて岩倉遣欧使節団に加わり、渡米します。アメリカではフィラデルフィアで中等教育を受け、帰国後は大学校に入学します。大学校を中退すると外務省に入省し、ロンドン大使館に赴任。その後、文部次官、オーストリア大使、イタリア大使などを経て、第一次西園寺内閣で文部大臣として入閣し、政界入りします。

牧野は、実家の出身である薩摩閥を背景としながら、伊藤博文やその後継者である西園寺公望《さいおんじきんもち》に近く、対外協調的な外交姿勢と英米型自由主義による政治姿勢を基調に行動します。第一次世界大戦後のパリ講和会議に西園寺公望の次席全権大使として参加。この一行には、女婿《じょせい》の吉田茂も加わっていました。次章で紹介する強力なサポーター、吉田茂と二松学舎との最初の接点はここにあったのです。

大正一〇（一九二一）年、牧野は西園寺の強い推挙で宮内大臣に就任します。以降彼は、西園寺の意を体《てい》しながら、宮中における自由主義を守り抜くことをその政治的使命とします。それだけに軍部からは強い反発を受け、二・二六事件では湯河原の旅館で襲撃を受けますが、家族の機転によって窮地を脱しています。

戦前の日本を代表する議会人と政界随一のリベラリストが、ともに二松学舎に学んだことは単なる偶然にすぎません。しかし孔子や孟子を若き日に学んだ人たちが、日本の政界にリベラルの風を持ち込んだことは、もう一度見直してみる必要があるかもしれません。つまり、そこには何の矛盾も齟齬《そご》もなかったということです。

明治36年、二松学舎を維持するための「二松義会」が発足

なお二松学舎は、その運営のために明治三六（一九〇三）年「二松義会」を設立し、明治四二年には財団法人の設立登記もします。この二松義会の顧問には牧野伸顕が就任、さらに明治四四年には犬養毅も同様に顧問に就任しています。

嘉納治五郎から始まる不思議な縁

明治一一（一八七八）年の在塾者名簿には、講道館柔道の創始者として知られる嘉納治五《かのうじご》郎《ろう》の名が見えます。柔道の探求と普及が彼のライフワークではありましたが、その主要な仕事は教育界におけるものでした。

嘉納の実家は、摂津《せっつ》国御影村（現兵庫県神戸市東灘区）ではよく知られた名家であり、祖父の治作は酒造・廻船などを盛んに行っていました。ここに婿入りしたのが治五郎の父・治郎作希芝です。治郎作は嘉納家の家業を義弟に譲り、自らは幕府の廻船方御用達《かいせんがたごようたし》を勤めます。

講道館柔道の創始者にして、日本オリンピックの父・嘉納治五郎（共同通信社提供）

この関係から維新後も東京に出て、明治新政府に出仕するのです。

治五郎は御影村で生まれましたが、一三歳で父のいる東京に上ります。東京では生方桂堂《うぶかたけいどう》の成達書塾に通い、やがて育英義塾で洋学を学びます。その後、のちに東京大学となる官立東京開成学校に進みました。彼が柔術家福田八之助に入門したのは、東京大学文学部第一学年に編入した一八歳の時です。この翌年、二松学舎に入塾しています。

嘉納が柔術修業を始めたのは、自身の虚弱な体質から、非力な者でも強力な者に勝てるという柔術に惹《ひ》かれたからでした。ところが、やっとのことで探し当てた天神真楊流《てんじんしんようりゅう》の福田八之助に入門しても、ただ投げ飛ばされるばかりです。「先生、これはどうやって投げるのですか」と尋ねても、「数さえこなせば分かる」という有り様でした。嘉納自身はこうした体で覚える修業を積みましたが、彼の頭脳の中では常に合理性と有用性が追究され、それが「柔道」へと発展していくのです。

嘉納はその生涯の中で、二松学舎関係者と不思議な縁を結んでいます。二松学舎に学んだ翌年には、のちに舎長となる渋沢栄一の依頼で、来日中のグラント前アメリカ合衆国大統領の前で柔術の演武を披露しています。当時の渋沢は条約改正を睨んで民間外交の重要性を感じており、この前大統領の接待には大変な熱意を傾けて日本文化の紹介に努めました。なかでもこの柔術の演武は、軍人でもあったグラントの関心を強く惹いたようです。

嘉納はこの後も複数の流派の技を取捨選択し、独自の理論を確立して二三歳の年に講道館柔道を立ち上げます。その目的は強さの追求だけでなく、「精力善用」「自他共栄」など体育につながる教育の要素を強く含んだものでした。同時に学習院に奉職し教頭職を務めましたが、陸軍出身の三浦梧楼《みうらごろう》院長とソリが合わず外遊を機に退職。三二歳となった明治二四（一八九一）年には文部省に転じました。

結婚もしたこの年、嘉納は熊本の第五高等中学校（現熊本大学）に校長として赴任します。この時彼がとくに招請したのが、島根の松江中学で英語教師をしていたラフカディオ・ハーンです。嘉納は人材を求める文部省に呼び戻され、わずか二年で熊本を離れますが、ハーンは熊本でも優れた教育を行い、その評判は広く知れわたるところとなります。

このハーンの後任として東京から赴任したのが、夏目金之助《なつめきんのすけ》（漱石《そうせき》）でした。大学を卒業したばかりの漱石は、ネイティブのハーンと比較され苦労します。この五年後には熊本からイギリス留学に出ますが、帰国して東京帝国大学に奉職するとまたしてもハーンの後任となり、学生から排斥《はいせき》運動まで起こされます。ハーンはお雇い外国人であったために、帝大卒の漱石にポストを奪われ続けたという見方もありますが、英語教師としてつねにハーンと比較された漱石も大変な災難を被ったのでした。

嘉納に話を戻すと、文部省では大臣官房図書課長を務めますが、教育の現場を愛する嘉納は高等師範学校校長として教育界の人材育成に努めます。嘉納が日本の近代教育に及ぼした影響は大変大きく、日本のスポーツが学校体育に偏重したこともその一端であると言われています。

また教育界では数少ない国際派であり、中国からの留学生教育に尽力したり、柔道の国際化に力を注いでいます。国際オリンピック運動にも早くから参加し、第五回ストックホルム大会に初めて日本選手団を送りました。七九歳となった昭和一三（一九三八）年IOCカイロ会議に出席し、悲願だった東京大会開催を決定します。満願叶った帰途、太平洋上で肺炎を発症して不帰の人となりました。

漢学大好き少年、塩原金之助

漱石は小説『坊っちゃん』のなかで、主人公を愛した清という家政婦についてこう書いています。「此下女はもと由緒のあるものだったそうだが、瓦解《がかい》のときに零落して、ついに奉公までするようになったのだと聞いて居る」。文中の「瓦解」とは明治維新＝幕府崩壊のことですから、これを読んだ当時の人は、この清という婆さんはもとは旗本御家人の家柄であったものが、維新を機に零落したのだと理解したことでしょう。

漱石の生家は町方でしたが、長年江戸で暮らした家でしたから、江戸の公方様《くぼうさま》が薩摩や長州の田舎侍に千代田のお城を明け渡すなどというのは、まさしく「瓦解」であったことでしょう。明治以降旧幕の人びとはこの語をよく使っていますが、慶応三（一八六七）年に生まれ、物心ついた時には文明開化の真最中であった少年がこの語を多用するのはいささか異様です。しかし漱石、本名塩原金之助とは、まさにこうした妙に渋好みの、一風変わった少年でした。

　わざわざ市ケ谷から神田の錦華《きんか》小学校に転校したのは、東京府第一中学（のちの府立一中、現日比谷高校）への入学が目的でした。ところがこの正則科に入学してみると、大学予備門の受験に必要な英語の授業が行われていないため、改めて英語塾に通わなければならないことがわかります。そもそも西洋のものは肌に合わず、漢詩や漢文が大好きという少年でしたから、二年ほどでここを勝手にやめてしまい、二松学舎に入学するのです。のちに当時のことを、こう回想しています。

其頃東京には中学と云ふものが一つしか無か

漢文好きが昂じて、二松学舎で学んだ夏目漱石
（共同通信社提供）

つた。学校の名もよくは覚えて居ないが今の高等商業の横辺りに在つて、僕の入つたのは十二三の頃か知ら、何でも今の中学生などよりは余程小さかつた様な気がする。学校は正則と変則とに別れて居て、正則の方は一般の普通学をやり、変則の方では英語を重にやつた。其頃変則の方には今度京都の文科大学の学長になつた狩野だの、岡田良平なども居つて、僕は正則の方に居たのだが柳谷卯三郎、中川小十郎なども一緒だつた。で、大学予備門（今の高等学校）へ入るには変則の方だと英語を余計やつて居たから容易に入れたけれど、正則の方では英語をやらなかつたから卒業して後更に英語を勉強しなければ予備門へは入れなかつたのである。面白くもないし二三年で僕は此中学を止めて終つて、三島中洲先生の二松学舎へ転じたのであるが、其時分此処に居て今知られて居る人は京都大学の田島錦治、井上密などで、此間の戦争に露西亜《ろしあ》へ捕虜になつて行つた内務省の小城なども居つたと思ふ。学舎の如きは実に不完全なもので、講堂などの汚なさと来たら今の人には迚《とて》も想像出来ない程だつた。真黒になつて腸の出た畳が敷いてあつて机などは更にない。其処へ順序もなく座り込んで講義を聞くのであつたが、輪講の時などは恰度《ちょうど》カルタでも取る様な工合にしてやつたものである。輪講の順番を定めるには、竹筒の中へ細長い札の入つて居るのを振つて、生徒は其中から一本宛抜いてそれに書いてある番号で定めたものであるが、其番号は単に一二三とは書いてなくて、一東、二冬、三江、四支、五微、六魚、七虞、八斉、九佳、十灰と云つた様に何処迄《どこまで》も漢学的であつた。中には一、二、三の数字を抜いて唯東、冬、江と韻許《ばか》り書いてあるのもあつて、虞を取れば七番、微を取れば五番と云ふことが直に分るのだから、それで定めるのもあつた。講義は朝の六時か七時頃から始めるので、往昔の寺子屋を其儘、学校らしい処などはちつともなかつたが、其頃は又寄宿料等も極めて廉《やす》く——僕は家から通つて居たけれど——慥《たし》か一ケ月二円位だつたと覚えて居る。

元来僕は漢学が好で随分興味を有つて漢籍は沢山読んだものである。今は英文学などをやつて居るが、其頃は英語と来たら大嫌ひで手に取るのも厭な様な気がした。兄が英語をやつて居たから家では少し宛教えられたけれど、教える兄は癇癪持《かんしやくもち》、教はる僕は大嫌いと来て居るから到底長く続く筈もなく、ナショナルの二位でお終になつて了つたが、考へて見ると漢籍許り読んで此の文明開化の世の中に漢学者になつた処が仕方なし、別に之と云ふ目的があつた訳でもなかつたけれど、此儘《このまま》で過すのは充《つま》らないと思ふ処から、兎に角大学へ入つて何か勉強しやうと決心した。其頃地方には各県に一つ宛位中学校があつて、之を卒業して来た者は殆んど無試験で大学予備門へ入れたものであるが、東京には一つしか中学はなし、それも変則の方をやつた者は容易に入れたけれど、正則の方をやつたものだと更に英語をやらなければならないので、予備門へ入るものは多く成立学舎、共立学舎、進文学舎――之は坪内さんなどがやつて居たので本郷の壱岐殿坂の上あたりにあつた――其他之に類する二三の予備校で入学試験の準備をしたものである。其処で僕も大に発心して大学予備門へ入る為に成立学舎――駿河台にあつたが慥か今の曾我祐準の隣だつたと思ふ――へ入学して、殆んど一年許り一生懸命に英語を勉強した。ナショナルの二位しか読めないのが急に上の級へ入つて、頭からスゥヰントンの『万国史』などを読んだので、初めの中は少しも分らなかつたが、其時は好な漢籍さへ一冊残らず売つて了ひ夢中になつて勉強したから、終にはだん〴〵分る様になつて其年(明治一七年)の夏は運よく大学予備門へ入ることが出来た。同じ中学に居つても狩野、岡田などは変則の方に居たから早く予備門へ入つて進んで行つたのだが、僕などが予備門へ入るとしては二松学舎や成立学舎などにマゴついて居た丈遅れたのである。(談話「落第」『中学文芸』明治三九年六月)

当時二松学舎の教育課程は三級に分かれ、各級は三課に分けられていました。漱石は明治一四年に入学したとき、第三級第三課・第二課を飛びこえて、第三級第一課からスタートしていますが、彼は「明治十四年七月、第三級第一課卒業」、「明治十四年十一月、第二級第三課卒業」という二枚の証書を受けとっています。かなり「できた」と推察されます。

当時の二松学舎のテキストは次のとおりです。

第三級第三課――「日本外史」「日本政記」「十八史略」「国史略」「小学」
同第二課――「靖献遺言」「蒙求」「文章軌範」
同第一課――「唐詩選」「皇朝史略」「古文真宝」「復文」
第二級第三課――「孟子」「史記」「文章軌範」「三体詩」「論語」
同第二課――「論語」「唐宋八家文」「前後漢書」（以下略）

とはいえ、実際の二松学舎ではこうしたことが厳格に行われていたわけではないようです。こうしたカリキュラムは役所との関係で一応作成されていましたが、現実にはもっと江戸期の漢学塾的なあるいは寺子屋的な自由さがあったようです。漱石はそういう一種のルーズさも楽しんでいたのでしょう。

漱石の漢詩、漢文好きは筋金入りで、明治二二（一八八九）年、二三歳の時には『木屑録《ぼくせつろく》』という漢文紀行を著しています。これはこの頃親しい友人となった正岡子規《まさおかしき》に読ませるために書いたもので、この年の夏に数人の仲間と出かけた房総旅行での見聞を記したものです。ただし、すべて漢文。これは数千字におよぶ長編で、この当時としてもこれだけの文章を書く人がどれほどいたか、と思わせるものです。冒頭は「余兒時誦唐宋數千言、喜作爲文章」で始まりますが、それが戯《ざ》れ言とも思えないのがすごいところです。口に糊《のり》するために英文学に進んだ金之助少年にとって、二松学舎に通った二年間は人生の夏休みのような時期だったのかもしれません。

二松学舎は日本の女子教育を育んだか

漱石の弟子であった森田草平《もりたそうへい》が、平塚明《はる》と那須塩原温泉で心中未遂事件を起こしたのは、明治四一（一九〇八）年のことです。もちろん明は、のちに「青鞜《せいとう》」を刊行し、日本の女性解放運動をリードした平塚らいてうです。その後森田はこの経験を『煤煙《ばいえん》』という小説に昇華させ、作家としてデビューします。その相方となった平塚らいてうも、二松学舎に学んでいました。『二松学舎百年史』には当時の想い出が掲載されています。

私は明治三十八年頃から座禅をはじめました。禅を修行するために語録を読んだりすることに困りますので、それで漢文を勉強したいと思っておりました。明治三十九年、津田英学塾に入りましてそこに通うようになったのですが、英学塾は五番町にあり、二松学舎は三番町にありまして道順もよいから、二松学舎に伺うようになったわけです。十九歳ごろでした。中洲先生からは、詩経なんかをちょっとですが伺ったことがあります。あとは息子さんの方です。直接私は先生とお話したこともなかったし、なるべく目立たないところで小さくなって伺っておりました。

女子は私が一人でしたね。当時は講堂もずいぶん広うございましたね。木造で明治時代の小学校というような記憶がありますね。それにまた殺風景なつくりでございました。粗末な木の机と、腰掛けも一人々々が別々のものじゃなく、続いていた細長いものだったですね。

非常に人生問題で苦しんだものですから、キリスト教にいってみたり、仏教の本をはじめとして、いろいろのことをやってみましたけれども、やはり禅で修行をするということをきめまして、それで禅に入りましたが、だから漢文とか儒教のほうで道を求めるとか、自分の問題を解決しようと思って、漢文を勉強したのではなく、禅の方にとびこみまして、研修しまして、語録を読んだり、いろいろのことをいたしますと、どうしても漢文の知識というものが足りないということを感じましたものですから、これはもう少し本気で勉強しようという気になったわけです。二松学舎で漢文を勉強するようになりましたので、いろいろわかることもあり、漢文を通してのいろいろなそういう思想とか、禅のほうとの関係でも、禅の見地から見てもわかるような点があったりしまして、思想的にもいろいろいただいたものがあったと思いますけれども、本当に一生懸命には勉強しなかったとみえて今もってさっぱりそのほうの力はないようですね。

私はやはり漢文というものは大切に保存しておきたいと思いますね。漢文から受ける短かいことばの中から直接感ずるものは心の底に直接響きますから。今の説明たっぷりな文章なんかを読んだときとは、まるで違った感じがいたしますね。また漢文の中に盛られている当時の思想というものは、永久に根本的に青年の学ぶ価値があるものだと思います。本当に尊い伝統のあるものであり、といっても決して過去のものではなくて、これからも永久に根本的に青年の価値があるものであり、新しいもののもとになるものでもあり、大いにこれからも読んでゆかなければならないものだと思います。東洋の思想というものを本当にもっと生活に生かしてゆかなければならない時になっていると思いますね。ですからこれをやはり古色蒼然としたものとしないで、新しいものとしてゆかねばならないと思いますね。

この文章で注意すべきは、女性解放という当時の西欧にあっても急進的な思想の唱道者であるらいてうが、『論語』などに対し「永久に根本的に青年の学ぶ価値があるものだと思います」と述べている点です。

らいてうが二松学舎に学んだのは、仏典を解読できるようになりたい、という思いからでしたが、漢学に接してみて新たな価値観に気づいたかのような印象さえあります。漢学の内容に共鳴する思いは、むしろ数少ない女性が率直に吐露しています。次に紹介する嘉悦孝《かえつたか》はその代表かもしれません。

日本の女性解放運動の元祖・平塚らいてうも卒業生（共同通信社提供）

現在の嘉悦学園を創立した嘉悦孝は、漱石と同年の慶応三（一八六七）年の生まれです。彼女が残した「怒るな働け」という言葉は、明治四〇（一九〇七）年五月、彼女が当時の麹町区土手三番町に私立女子商業学校校舎を新築移転したとき、自らの教育理念として掲げたものです。

孝は、父親が政治家を目指して家産をつぶしたことから、若い頃に辛酸を嘗《な》めています。そうした経験を通じて彼女が得たのは、「女子にも経済の知識がなければならない」という思いでした。その考えは女学校教師としての日々の中で発展し、単なる令嬢教育から実学教育に向かい、それが、のちの嘉悦学園設立に結実します。そして、彼女にとっての実学とは、あくまでも東洋精神文化の上に形成されねばなりませんでした。彼女が二松学舎と関わりを持ち続けた理由は、まさにここにありました。やはり『二松学舎百年史』から引用します。

> 私が二松学舎へ入学致しましたのは明治二十三、四年頃であったかと存じます。皆今は故人になって居りますが、同窓生の大井さんとか毛利さんとか、その他三、四人の女生徒と一しょに出席致して居りました。何時も教室へ這入ります時には、男の方は表の方からお入りですが、私共は裏の方の、中洲先生等のお出入りなされました半間間口位の所から這入って居ました。私達の机の上にはよく落書がしてあったりいたしました。女の事ですから、からかうつもりで男の方が書くのだろうと苦笑した事もあります。
> 私は其の頃三崎町に居りましたので、学校の始まる前の朝の時間に九段坂をせっせと

のぼって通学いたしました。昔の九段坂の事ですから随分急な坂で、冬の最中でも汗をかく程でございました。其の頃の三島先生のお講義は、論語のお講義、伝習録のお講義、それから左伝と言う様な、そういうものであったかと存じます。外の先生では、池田四郎次郎先生、児島献吉郎《こじまけんきちろう》先生等のお講義もうかがいました。今の校長先生のお講義もあったかと存じます。とにかくかゝさず朝のお講義を聞かせていただきました。おしまいには私すっかり孟子狂になってしまい、同窓生から「嘉悦さんは今に孟子から結婚を申し込まれる」等と言われたりいたしました。それ程孟子のお講義をよく拝聴いたしましたが、其のお講義はたしか中洲先生がなされたかと存じて居ります。

それを思います時に私は、どうやら今日迄日本国民として不徳な事も致しませんで進みましたのはひとえに二松学舎のおかげでありまして、これは何事にも代え難いまことに有難い事であったとしみ〴〵感ずる次第でございます。

此の頃私は仏教の研究をいたして居りますが、矢張り身の修養の為め

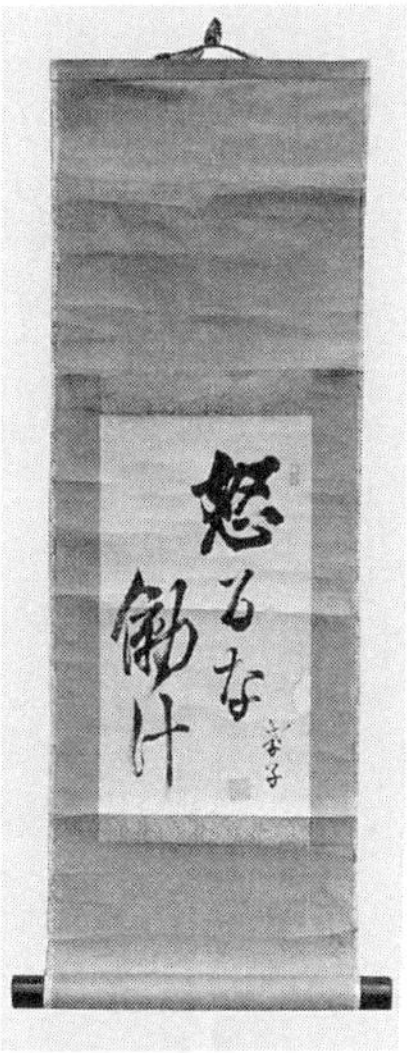

嘉悦大学の創立者・嘉悦孝の筆跡軸

には儒教を最も大切なるものと存じます。其の意味に於て其の頃の事は懐しい想い出となって私の胸によみがえって参ります。私は此の学校でも孟子を教科書として修身を受持って居る様なわけでございます。まったく私は身から孟子を五十年も離さないと云う様な生活をいたして居ります。

中洲先生がお亡くなりになってから、私は入江子爵のお宅で細田謙蔵先生につきまして詩経等の講義を伺いました。細田先生は中洲先生のお流れでござりますから中洲先生のお講義を伺って居るつもりでそのお講義を拝聴いたしましたのでござります。

大体そういう事で、別に私は大した想い出ばなしも持ち合わせて居りません。今も忘れられないのは、昔のあの校舎、破れたたたみの上に古びた机を置かれそこで中洲先生がお講義をなされたそのお姿でございます。それが未だに私の目の前にちらつく様でございます。

その頃、私の外に女の方はたしか三人程居られたと記憶して居ります。まだ居られたかも知れませんけれども、そういう方々は永つゞきしなかった様でございました。

当時の校舎は、日本造りのかなりひどいぼろ家の様におぼえております。唯今の学校の右隣が先生のお住いで、校舎は今の校舎よりもっと奥の左の隅の方にあったと存じます。その前の方に二階建の寄宿舎があって、そこの横を通って校舎へ行くのでした。

何分当時の事ですから男子の学生は短い簡素な服装で、私等は髪はいちょう返しに結い帯をおたいこに結んで出かけるという風でした。

私は二十五年の四月に郷里の細川侯爵の御分家の細川子爵家でお建てになった学校へ呼ばれ、三十年に帰りましてまたしばらく二松学舎でお講義を拝聴いたしました様に記憶しております。其の頃にはたしか中洲先生のお講義は無かった様に思います。児島獻吉郎先生、池田四郎次郎先生、山田準先生、佐倉孫三先生等のお講義は或はこの時だったかも知れません。私は此の頃中洲先生より書いていたゞきました「幽間貞淑」と云う額を今も大切に持って居ります。

私の記憶は大体こんなていどのものでございます。


漱石のように宋代の耽美的《たんびてき》な世界に憧れ、できれば終生それに耽溺《たんでき》していたい、などという奇特な青年は別にして、当時二松学舎の門を叩いた青年のほとんどは、官吏や軍務に進む方便として漢学を学んでいました。その意味では、二松学舎での学びは彼らにとって純然たる受験勉強でした。

一方、嘉悦孝や下田歌子（実践女子大学の創設者）など、保守的な立場から女子教育を推進しようとしていた女性たちは、純粋に漢学の内容に引き込まれ、女性が日本社会で尊敬を受け、家庭教育の担い手となるためには漢学を学ぶこと、あるいはその精神を教育することが必要だと考えていました。そこには、方便という意識は皆無であったと思われます。

論語とキリスト教の意外な共通点

時代も少し違いますが、嘉悦や下田とは別な角度から漢学に惹かれた女性も存在しました。しかし、精神性を高めるという意味では、受験勉強のために通った男性よりも、純粋であったと言えそうです。

日本YWCA名誉会長、世界平和アピール七人委員会のメンバーなどを務めた敬虔なるキリスト者植村環《うえむらたまき》が二松学舎に学んでいます。やはり『二松学舎百年史』に掲載された彼女の随筆には、『論語』とキリスト教の意外な共通点が語られています。

私は英語をさかんに教える女子学院にいっておりまして、それからアメリカに勉強にゆきまして、ボストンのウェールズ・カレッジという大学に入りまして満四年おりましたが、それから日本に帰ってきまして、私の大変親しいお友達の森田松栄さん、この方のお姉様が山川菊栄さんといいまして、いずれも青山延寿の娘ですが、お姉様のほうは嫁にいって山川、妹様のほうは伯父の家の姓をとって森田といっておりましたが、この森田松栄さんというのは、私より四つぐらい上でしたけれども、この方と二人でギリシャ語を聖マリヤの会に習いにいっていたのですが、それと同時に二松学舎にも、一週間に三遍ぐらいゆくようになったわけです。それが大正四年ごろでございます。その頃は三島先生が教えてくださいましたが、先生はいつも和服を召して、小倉の袴を穿かれて、いかにも日本人らしい先生でした。そして非常に荘重な、重々しい口調で教えていただきました。非常に威厳がございました。

私の教わったのは三島先生だけで、ほかの先生には教わらなかったものですから、今でも覚えておるのは三島先生だけでございます。しかし学校の建物なんかは、いかにも粗末な建物でしたけれども、私はまたその粗末な建物が好きでございました。いかにもなにか漢文という気がいたしました。ですから二松学舎というと、今でもよく覚えておりますし、あそこを通るたびに、なつかしいなあという気持になります。

私たちのころは、一緒に勉強したのは、大体三十人ぐらいだったと思いますが、全部男の人ばかりで、私と森田さんとが、紅二点みたいだったですよ。当時は私が二十五歳、森田さんが四つ上で二十九歳でした。当時は大体素読が中心でございますが、素読をして、先生の講義をうけたまわり、学生はみんな襟を正して謹聴し、ざわめき一つありませんでした。

私が習ったのは、論語、大学、中庸と覚えています。非常におもしろかったですね。そのうちに私は結婚したものですからやめましたが、それまで約一年半ぐらい、大正四年から五年ごろにかけまして、二松学舎に通学したんじゃないかと思います。それからやめましてからも、父の蔵書などには古い漢文の本がありましたので、いつも読んでおりましたが、和綴じの本、古い漢学の本などがだいぶありましたが、そういうのも大地震で大部分なくしてしまいました。

私の父は植村正久といいまして、大地震の後二年ぐらい生きておりましたが、私のこの植村というのは、非常に古く、家康公のお父さんの広忠のころから仕えており、三方ガ原の戦いでは大久保忠世、植村栄政、本多忠勝、この三人が非常に武功があり、それで植村の剣一の紋というのは有名になったということです。剣というのはつまり槍の先ですね。そういう紋を家康公からじきじきにたまわり、その後は代々漢学をよく勉強したようです。また私の母は、紀州の人でございますが、やはり漢学や国文学で育った人でございます。そういうことで、父も母も漢学をよくしたものですから、私も小さいうちから、そういうものに親しむ機会が多かったわけでございます。

私はクリスチャンでございますけれども、孔子の教えが好きでございまして、私は後にエジンバラ大学に神学の勉強にゆきましたけれども、そして牧師になったわけでございますが、旧訳聖書に箴言《しんげん》というのがございますが、これは昔ユダヤの王であったダビデの子のソロモンが書いたことばだということになっておりますが、だけどソロモン一人だけじゃなく、ほかの聖賢の人々も書いておると思いますが、その本と論語とがよく似ているわけですね。それでなにか相通ずるものがあるように思われるわけでございます。それでエジンバラにゆきまして、四年間勉強しまして、エジンバラ大学で学位をいただいたのでございますが、そのエジンバラにおりました時に、私はラテン語をあまり余計やっていなかったものですから、学位試験を受けるときに、私は論語の試験をしてもらいたいといって、それで論語をよく知っている英国人の試験官の方が、試験をしてくださいました。学位をとるときには、クラシックと、クラシックはギリシャ語をしなければならないのでしたのですけれども、ラテン語のほうは少し遅れていましたので、ラテン語のかわりに論語の英訳のものをやったわけです。その時私は、論語、大学、中庸と、三つだしましたが、論語から一番たくさん出ました。

今でも私はこの論語というのは、いつも手近にもっておりまして、やはりほかのものよりも、論語をより多く拝見するわけでございます。論語の中には孔子さんが、天ということを申しておりますね。天にとがめを受けるならばしかたがないとか、天を怨みず、人を尤《とが》めず、自分を低くして人のためにするとか、そういうようなところは、本当に箴言の中のことばによく似ております。非常に相通じておるところがあると思います。そういうところが非常に私どもにひびいてくるわけでございます。

やはり私は、孔子をよく読まない日本人はいけないなあ、孔子をよく読めば、そこからだんだんとキリスト教にも入ってゆかれるのにと思うことがございます。私は二松学舎大学とは大層自分ではご縁が深いような気がしております。

漱石を朝日新聞にリクルートした池辺三山

漱石が二松学舎で楽しんでいたころ、池辺吉太郎《いけべきちたろう》という熊本出身の青年がやはり二松学舎に学んでいました。これがのちに東京朝日新聞の主筆として活躍し、日本近代を代表するジャーナリストとなる池辺《いけべ》三山《さんざん》です。漱石は東京帝国大学に奉職する英語教師でしたが、新聞各紙が専属契約を狙う新進作家となると、三山の人柄を信じて朝日と契約しました。

池辺の実家は、熊本藩細川家の譜代藩士でした。父親の吉十郎は明治一〇（一八七七）年に西南戦争が勃発すると西郷軍に呼応して熊本隊を率いますが、官軍に捕えられ長崎で斬首《ざんしゅ》されます。遺体が返された時には、賊軍であるにもかかわらず地元で手厚く葬られました。熊本では今日でも、池辺といえば三山ではなく吉十郎が知られているほどです。

とはいえ、大黒柱の父親を失ったのですから、一家の生活は苦しいものとなりました。それでも三山は苦学して学問を続けていたところ、当時政治小説『佳人之奇遇《かじんのきぐう》』で知られる東《とう》海散士《かいさんし》らに招かれて上京し、『経世評論』などの編集スタッフとなります。若くして多くの社論を執筆し、当時から中江《なかえ》兆民《ちょうみん》などにも評価されていたということです。

三山の名を世間に知らしめたのは、細川家の世子・護成《もりしげ》に随行して渡仏し、そのかたわらヨーロッパにおける日清戦争の反応を取材した「巴里通信《ぱりつうしん》」です。これが日本新聞に連載されると、ジャーナリストや知識人の大いに注目するところとなり、国際派ジャーナリストの名声を高めます。

明治二八年に帰国すると、翌二九年には大阪朝日新聞と契約。その後東京朝日新聞の主筆に就任します。大阪では大新聞の地位を築いていた朝日も、この当時東京では弱小新聞でした。その評価を一気に高めたのが三山の社説です。当時第一人者と目されていた徳富蘇峰《とくとみそほう》からは「天性の新聞記者」という激賞を受けています。

その三山にとっても、漱石と交わした専属契約は大きな手柄でした。期待にたがわず、漱石がヒットを連発したからです。しかしこうした社外評の高さは時に勤め人の命取りになりますが、三山の場合も同様でした。

朝日で漱石が主宰していた文芸欄の実務担当は、件《くだん》の心中事件を起こした森田草平でした。漱石が胃病で休みがちだった時期に、連載小説の書き手に行き詰まった森田は、デビュー作『煤煙』の続編ともいえる『自叙伝』を連載します。しかし、すでに賞味期限が切れた話題の蒸し返しに、世間の評判は散々でした。ここに付け込んだのが社内の反池辺派です。三山が漱石らの文芸欄を擁護すると、情実だという批判の声が上がり、それに激昂した三山は即日辞表を提出しました。

慌てた会社は懸命に翻意するよう説得しましたが、三山の意志は固く、結局そのまま退社となりました。三山に誘われて入社した漱石ですし、しかも直接の原因が自分の主宰する文芸欄ですから、当然続いて辞意を表明することになります。しかしこれは三山に説得されてひっこめています。当時の朝日の文芸欄では漱石の弟子たちが書生気分で勝手なことを書く傾向があったため、一般の記者からは相当な反発が出ていました。ところが、宮仕えならぬ身の文士たちは、その空気を読めなかったようです。

しかし、さらに大きな衝撃が走ったのはその五カ月後でした。三山が急死したのです。ひと月前に亡くなった母親のために一切の肉食を絶ったことから脚気《かっけ》を悪化させ、最後は心臓マヒを発したのでした。漱石は、この前年にまだ幼かった末娘の雛子を失っていましたから、打ち続く死は大きな打撃となりました。この年刊行された『彼岸過迄《ひがんすぎまで》』には「亡児雛子と亡友三山の霊に捧ぐ」という献辞が呈されています。

DND*i* Japan 事務局代表

中谷香（なかたに　かおり）

平成7年国際政治経済学部卒業。ロンドン大学熱帯医学大学院修士課程修了。日本や米国のNGO、UNAIDS等国連機関やJICAにて国際協力に従事。アフリカ、カリブ、東南アジア、日本において、感染症、ユニバーサルヘルスカバレッジなどの分野を中心に、プロジェクト運営、技術協力、人材育成に携わる。平成25年から4年間JICAミャンマー事務所に駐在し、保健分野のドナー連携を主導する。平成29年よりタイのJICA技術協力プロジェクトに従事し、当地の国民皆保険制度改善等に携わる。令和2年1月より、Drugs for Neglected Diseases *initiative*（DND*i*）Japan 事務局代表。

私は国際政治経済学部の一期生です。大学へは、柏駅からバスに乗って通っていました。そのバスの中では、友人のこと、勉強のこと、将来のこと、今日はどう過ごそうかなど、いろいろ考えていたことを思い出します。当時の私には、まだ知らない世界を知りたいという強烈な飢餓感がありました。何か一つのことを知ると、そこから別の質問や興味が生まれる、〝学ぶ〟という循環を純粋に楽しんでいたように思います。そんな私に、思う存分聞いてきなさいという態度で、ご自身の昼食の時間を割いてまで指導してくれる先生方が何名もおられました。大学には学びたい者を真摯に支え、育てようとする空気と心意気がありました。学生として大変恵まれた環境にいたことを、今でも感謝しています。

その頃から長い年月が流れました。卒業後、私は途上国の開発援助の仕事を志し、苦労しながら日本のＮＧＯでキャリアを開始しました。アフリカを皮切りに、カリブ、アジアと勤務する地域を変えながら、保健医療や公衆衛生を自身の専門分野に据え、感染症対策や、必要な時に適切な医療サービスが受けられるユニバーサルヘルスカバレッジの達成への支援、それらを実現するための保健医療体制の構築などに関わってきました。数年前に日本に帰国し、熱帯病など、顧みられない病気で苦しむ人びとに新しい治療薬・治療法を届けるため、非営利で薬の開発を行っている団体で働いています。

これまで私を支えてきたのは、人に健康になってもらいたいという思いでした。その目的のために何ができるか、どう実現するのかを考える時、世の中の動きを捉え、新しい技術をどう活用するのかなど、日々自分の知識や考え方を更新していかなければなりません。新型コロナウイルス感染症、ウクライナにおける戦争、環境破壊など、世界が大きな転換点を迎える今、これまでの物事の進め方に疑問を呈し、新しいやり方を模索する動きが広がっています。例えば、新型コロナウイルス感染症のワクチンは、途上国にはなかなか到達しませんでした。今後同様の状況に陥らないため、途上国でワクチンを製造し、供給できるような体制が作られつつあり、そのような動きを支援する組織も増えています。学生時代で学ぶことが終わる訳ではなく、社会に出ても日々成長を求められます。小さな進歩が、気が付いたら大きな成長に繋がっていると信じて、これからも前に進もうと思っています。

第四章　二松学舎のサポーター

偉大なるサポーター

明治一四（一八八一）年、二松学舎の塾生は三〇〇名を数えます。これは福沢諭吉の慶應義塾、中村敬宇の同人社などと肩を並べる数字で、個人が経営する塾としては上々といえます。中等学校が未整備の明治一〇年代に、英学塾や漢学塾はそれを補完するものとしてまだ需要があったのです。

しかし、同一九年に諸学校制度が法整備されたことによって、明治二〇年代に入ると多くの漢学塾は衰退し廃業に向かいます。二松学舎では寄宿料を安く抑えたため、二松学舎に寄宿して他の学校に通う者もままあったほどで、辛うじて維持した収入を昔ながらの「質素倹約」を徹底することによって、中洲は苦しい学校経営を何とかしのぎました。中洲は同時代の漢学者の中では経済観念のしっかりした人物であったと言ってよいと思われますが、それでも教育制度が漸次刷新されていくなかで、二〇世紀に入るころからたびたび資金難に直面します。

中洲は晩年、学舎の継続を危ぶんで一人の人物に助力を求めます。それが生涯に五〇〇を超える会社の設立に関わり、日本資本主義の父と呼ばれた渋沢栄一です。二一世紀の今日も、経済界で不祥事が発生するたびに彼の名前が引き合いに出されますが、「論語と算盤」説を標榜し、道徳と実業の一致を追求し続けた渋沢は、今叫ばれているSDGｓ（Sustainable Development Goals＝持続可能な開発目標）の先駆的実践者ともいうべき経済人でした。七〇歳の高齢で二松義会（二松学舎の運営組織）の顧問を引き受け、更に中洲の懇願を受け入れて大正六（一九一七）年に七七歳で代表理事に就任します。中洲亡き後、二松学舎を国語漢文の教員養成のための専門学校に脱皮させて、安定的な学校経営の礎を築きました。

　東京大空襲によって校舎を焼失し、ゼロからの再スタートとなった二松学舎は、新制大学として生まれ変わります。様々な困難を乗り越えて、やっと二松学舎大学の経営が安定の兆しを見せるのは、二松学舎専門学校の第二回卒業生である浦《うら》野《の》匡彦《まさひこ》が理事長となったころからでした。その浦野が理事長に就任した翌年の昭和三八（一九六三）年、歴史に残る大政治家が舎長に就任します。敗戦で荒廃した日本を復興へと導き、サンフランシスコ平和条約締結によって国際社会への復帰を果たした昭和の大宰相、吉田茂です。

　吉田舎長実現に向けて動いたのは、明治期の二松学舎卒業生の野口多内でした。野口は、吉田の奉天《ほうてん》総領事時代の部下であった縁から、引退後の吉田に母校の苦境を訴える次のような手紙を送りました。「二松学舎もいまさら仁義忠孝のみを説くこともできまいが、仁義忠孝を説きぬいてきた二松学舎の現状を打開するために是非力を貸してほしい」。これに対し吉田からは「仁義忠孝を説くことに何の遠慮が必要か。二松学舎は仁義忠孝で結構だ。しっかりやるように」という返事が届きました。吉田の岳父・牧野伸顕が東京大学在学時代に中洲に学んで以来の誼《よし》みもあり、個人的にも漢詩文が好きな吉田には二松学舎を何とかしたいという思いがあったようです。

この二人は、二松学舎の卒業生でもなければ中洲の弟子でもありません。しかし、共に二松学舎建学の精神とその信条を同じくする実業家であり、政治家でした。本章ではこの二人の偉大なるサポーターの足跡を辿ることで、二松学舎の建学と一四五年の校史の意味を考えてみたいと思います。

尊皇攘夷の志士

令和三（二〇二一）年に放送されたNHK大河ドラマ「青天を衝《つ》け」のタイトルは、渋沢栄一が青年期に作った漢詩「勢衝青天攘臂躋　気穿白雲唾手征」（青空にぶつかる勢いで肘をまくって登り、白雲をつきぬける気力で手に唾して進む）から取られたものです。青年らしい覇気を感じさせる詩ですが、実際に栄一ら一党は農民の身でありながら、尊王攘夷論に沸騰する時世の中で横浜焼き打ち（攘夷）を決行しようとしたことがあったのです。そのためにまず高崎城を乗っ取り、軍備を整えてから鎌倉街道を経由して横浜に向かうという、端からみれば無謀としか思えない計画を、寒夜行灯の下で練りました。実行直前に思いとどまりますが、九二歳の長寿を全うした栄一も、もしこの暴挙に突っ走っていたならば、間違いなく二三歳でその命を散らしていたはずです。この一事からは経済人渋沢栄一の知られざる一面が見えてきます。

渋沢栄一は天保一一（一八四〇）年、武蔵国榛沢郡《はんざわごおり》血洗島《ちあらいじま》（現埼玉県深谷市）に生まれました。奇しくもこの年は、アヘン戦争が勃発した年です。生家は、藍《あい》染めの原料となる藍玉を扱う豊かな農家でしたが、これは父市郎右衛門の才覚によるもので、祖父の代までは決して富農といえるような家ではありませんでした。

二松学舎の強力サポーターとして活躍した渋沢栄一
（共同通信社提供）

父親は栄一が幼いころから健康で、頭の回転の速いことを見抜き、五歳から学問を習わせ、同時に撃剣などの武道にも励ませました。当時、庄屋クラスの農家では、家業の経営や村全体をたばねるために、読み書き算盤をはじめ、ある程度の学問が必要だったのです。栄一は、学問を隣村に住むいとこの尾高惇忠（藍香《らんこう》）に、剣術を同じくいとこの渋沢信三郎に、ともに身近にいた指導者から学びました。

藍香の学問は、水戸学の影響を強く受けた儒学でしたが、四書五経の素読のように型にはまったものではなく、各自が読書力をつけ、書籍や情報を批判的に読み込む力をつけることを奨励しました。これが利発な栄一にぴたりとはまり、様々な本を乱読しています。体格も人並み以上、知識も大人顔負けで、早くも一四の年には父を助け、近郊の農家から藍玉を仕入れる仕事を任されています。

こうして栄一は、一方では儒学を通じて自分一身のことだけでなく天下国家を考える姿勢を身につけ、一方では物産の製造販売を通して世間の動きにも触れながら育ちます。すると、一〇代の少年には納得できない社会の矛盾が見えてくるようになります。例えば、血洗島は岡部藩安部摂津守の領地でしたが、参勤交代や安部家の法要や婚礼のたびごとに、富農には年貢とは別に「御用金」と称する資金調達が課せられていました。こうした理不尽な義務の押し付けに、栄一は強い疑問を感じ始めます。

江戸後期には富農や富商を中心に経済力と知力の向上によって庶民階級が自信を深めており、しかも、栄一が思春期を迎えた安政年間は、幕府がアメリカの砲艦外交に屈し攘夷の勅命に反して通商条約を結んだことへの批判が庶民層にまで浸透していた時期です。外圧によって幕府の権威が大きく動揺するなかで、幕藩権力の政策が一気に庶民の批判に晒され相対化されることになったのです。

幕藩権力の失墜に加えて、横浜開港後の居留地貿易が大きな経済変動をもたらそうとしていたことも重要です。横浜が世界資本主義の窓口となったとき、そこに外国商人と直接交渉をする新たな商業層が登場します。彼らは、生糸など藩内生産物を有利に輸出しようとする諸藩と結びつき、従来の特権商人中心の商品流通を変えていきます。そして、こうした開港後の経済変動の結果として、横浜を震源地とする急激なインフレーションが庶民の生活を圧迫します。

したがって、この時期の攘夷論は理念的なものにとどまらず、太平洋上を往来する外国船の急増、アヘン戦争における中国（清）の完敗、開港後のインフレーションなど、実際に日本とその近隣で起こった具体的な社会変動に基づいていました。かくて、尊皇攘夷思想は富農富商層を巻き込んだ幅広い運動へと拡大していったのです。全国的に行動する尊皇攘夷の志士たちにとって、各地の豪農豪商の屋敷は、移動や情報の拠点となっています。実際、栄一の学問の師である尾高藍香も、江戸からたびたび志士たちを招いたり、その活動を援助するなどしていたのです。

知識があり腕に覚えもあり、既成の社会構造に矛盾を感じる栄一のような若者が、この変革期に片田舎でおとなしくしていることなどできるはずがありません。仕事の合間には江戸に出て、剣術の千葉道場に通い、また高名な儒者海保漁村《かいほぎょそん》の塾に学び、志士たちと国事を語り合いました。こうした攘夷熱の産物が前に述べた、横浜焼き打ちとそれに先立つ高崎城乗っ取り計画です。栄一たち一党は六九名の同士を募り、神田柳原町の梅田という武具問屋に人数分の武具、防具の手配まで済ませ、決行日も文久三（一八六三）年一一月二三日の冬至の日と決定していました。

このとき、間一髪のところで彼らの暴挙を止めたのは、京都視察から戻った藍香の弟長七郎の報告でした。第二章でも紹介したように、文久三年は将軍家茂が孝明天皇に対して攘夷決行を約束した年であり、五月には長州藩が下関沖のアメリカ商船に砲撃を加える形で攘夷を実行しています。ところが長州藩はたちどころに反撃にあい、生麦事件を引き起こした薩摩もイギリスと交戦して鹿児島城下を焼失します。つまり攘夷が最高潮に達した瞬間は、攘夷が不可能であることを思い知らされる瞬間でもあったのです。この直後に結ばれた会薩同盟によって過激派や長州勢力が朝廷周辺から一掃され、そのあおりで在野の天誅組《てんちゅうぐみ》も討伐されます。こうした京都情勢の急変の報せを長七郎は仲間にもたらしたのです。

栄一らを転向させた原因がもうひとつありました。それは、いとこの渋沢喜作が当時交流を持った一橋家の家臣、平岡円四郎の存在でした。当初、栄一らが彼と接近したのは、一橋家との関係を攘夷決行の隠れ蓑にしようという意図からでしたが、栄一たちの行動力を買った平岡から、一橋家への仕官と京都行きを勧められます。栄一たちはこの時点ではまだ高崎城襲撃計画をあきらめていませんでしたが、長七郎から情勢の転換と翻意を促されたことから、平岡の勧めに従うことにします。

実は平岡も一橋家の譜代の家臣ではありません。旗本の次男に生まれ昌平坂学問所に学んで俊秀を知られ、水戸藩の藤田東湖《とうこ》らにその才覚を認められて、慶喜が一橋家を相続した際に小姓《こしょう》として仕えました。南紀派の家茂との継嗣《けいし》争いでは慶喜のために奔走したことから、安政の大獄では処分を受けています。この頃は、慶喜が将軍家後見職に就任し、その用人として再び活躍の場が与えられていました。しかし、以上のような閲歴から一橋家内に確固たる基盤がなく、彼自身が思うように使える人材を求めていたのです。仕官後の栄一は、平岡から篤太夫《とくだゆう》という名を与えられ、以降一橋家を去る明治初年までその名を用いています。

栄一に仕官の道を拓いてくれた平岡でしたが、二人の関係は長く続きませんでした。慶喜の寵愛が深く有能であった平岡を嫉《ねた》む水戸藩士によって、翌元治元（一八六四）年五月に暗殺されてしまうのです。一時はすっかり落胆した栄一でしたが、平岡の後任が実務を与えると周囲を驚かす活躍を見せます。

わずか半年前までは農作業や藍玉の売買に明け暮れていた男が、京における諸藩との交際に辣腕を揮うようになったのです。新たに禁裏御守衛総督を務めることになった慶喜のために、歩兵の新規増強を提言し、その取立御用掛を任されます。このときに備中や播州にある一橋家の所領に出向き、代官らの妨害に遭いながらも二〇〇名を超える歩兵の徴集に成功しています。備中井原では、郷校興譲館に教授していた儒者阪谷朗廬《さかたにろうろ》（女婿となる阪谷芳郎の父）との出会いがありました。さらに勘定組頭に昇進すると、領内の物産を有利に販売する道を拓き、藩財政を大きく好転させました。そして慶喜が十五代将軍として徳川家を相続すると、栄一はそのまま幕臣となったのです。

フランス渡航

無謀な攘夷を計画していた栄一が、平岡円四郎の機縁を得て幕臣にまで取り立てられました。これが栄一にとって第一の転機だったとすれば、第二の転機は慶応三（一八六七）年正月に横浜を出立したフランスへの渡航でした。これは、パリで開催される万国博覧会に派遣される徳川昭武《あきたけ》（民部公子、慶喜の弟）に随行するもので、博覧会後も昭武と共にフランスに止まり、数年は留学する計画でした。

一行はマルセイユに上陸し、三月七日にパリに入っています。攘夷党で凝り固まった水戸藩士の多くは、気後れを気取られまいと虚勢を張っていました。とくに七人の小姓たちはちょんまげ・和装を改めようともしませんでしたが、栄一は違いました。早々に髪を切り洋装に着替えると市内に下宿を借り、フランス語の習得に努めています。また、機会を見ては様々な場所を見学して歩いています。

万博開催中には印象的な出来事がありました。ロシア皇帝アレクサンドル二世とフランス皇帝ナポレオン三世が同乗した馬車が狙撃されたのです。犯人は貧しいポーランド青年でした。この青年はポーランドにおける反ロシア闘争の戦士で、このときはフランスに亡命中でした。これを聞いた栄一は大きな感動を覚えます。彼自身も一時は命を捨てて攘夷の大義に殉じようとしましたが、今、フランスという欧州の大国に来てみて、大人と赤子ほどの国力の差を思い知らされました。あのポーランド青年に負けぬ愛国心は持っているつもりですが、なればこそなんとしても西欧諸国の国力の源泉をつかみ、それを日本に持ち帰らなければならないと、栄一はその決意を新たにしたのでした。

パリでは徳川昭武の教育掛として、軍事についてはヴィレットという陸軍大佐が、経済についてはフロリ・ヘラルトという銀行家が対応していました。ヴィレットの傲慢な態度はしばしば一行の憤激を買いましたが、栄一はヘラルトの堂々とした態度に大いに感心しました。というのも、一橋家に入って御用商人たちと付き合うようになって、先方のあまりにへりくだった態度に辟易していたからです。自分ももとは百姓だからもっと気軽に付き合ってくれと言っても、それではけじめがつかないというのです。栄一にはこれが不満でした。身分制に胡座をかいて、能力もないのに威張る役人にも腹が立ちますが、あまりに卑屈な態度をとる商人も困りものだと考えていたのです。

ところがフランスでは、高位の軍人も銀行家もまったく対等に交際をしています。礼儀はわきまえるものの、その意見交換はきわめて率直です。日本の商業界もこうでなくてはいけない。栄一は帰国後に期するところがありました。

もちろんこうした文化の違いばかりではなく、ヘラルトからは金融に関する膨大な知識を得ています。銀行、証券取引所、株式、公債などについて、その仕組みや原理、さらには実際に銀行や証券取引所で実務を見せてもらいました。栄一は資本主義の構造をここで理解したのですから、ヘラルトは日本経済の恩人としてもっと記憶されるべきでしょう。

パリではまだまだ様々なことがありましたが、詳しくは『渋沢栄一伝』に譲ることとします。いうまでもなく、彼らがフランスに渡った慶応三（一八六七）年は一〇月に慶喜が大政奉還を行って討幕派の動きを封じようとしますが、一二月に討幕派はクーデターによって王政復古を宣言します。明けて慶応四年には正月の鳥羽伏見の戦いから始まる戊辰戦争に至ります。フランスでもこうした情勢は詳細に報道されていましたが、一行の水戸藩士たちはこれを容易に信じませんでした。

しかし三月になって、日本の現状を詳細に知らせる書状が届きます。このときヨーロッパ各国には幕府から派遣された留学生がいました。彼らに対しても五月になって帰国命令が下されます。当初、昭武は留学を継続する予定でしたが、水戸藩主徳川慶篤の逝去が伝えられると、帰国を決意します。栄一は勘定方としてフランス滞在およびその他留学生の帰国の費用等を運用益によって捻出し、詳細な計算をして報告しています。

栄一たちが横浜に帰ったのは、慶応四（一八六八）年が明治に改元された一一月三日のことでした。帰国に伴う雑用をすませると、翌月には慶喜が謹慎する駿府《すんぷ》（静岡藩）に向かいました。というのも、栄一を昭武に随行させたのは他ならぬ慶喜だったからです。栄一は新政府に出仕するつもりはなく、できれば民間人として銀行を興したいと考えていましたが、駿府に行ってみると思いがけず勘定方就任を命ぜられます。思うところと違ったので、彼自身は大いに不満でしたが、ここで栄一は第三の転機となる端緒をつかむのです。

バンクと合本主義

栄一としては静岡藩の禄を食むことは本意ではありませんでしたが、結局「勘定頭支配同組頭格 御勝手掛中老手附」を命ぜられて、これを受けることにしました。それは静岡藩の家老格を務める大久保一翁が栄一の欧州体験談を聞き、合本主義（＝株式会社）に興味を示し、それを静岡藩でやってみないかと水を向けたからです。

栄一の静岡藩における試みは、商法会所という形で始まりました。これは藩内のおもだった一二人の商人に出資させ、銀行業と商事会社を兼ねたような組織です。当時、静岡には江戸にいた旗本御家人が、大挙して移住していました。藩としては何とかして彼らに生計の道を与えねばなりません。商法会所はまずこの武士の授産事業に役立ちました。移住者の多くは山間部に入り、製茶業や養蚕業を始めますが、会所はこれに無担保で資金を融通しました。

こうした事業で少しずつ利益が出るようになると、在来の商人たちも次第に商法会所を利用するようになってきます。また当時、明治政府は太政官札という粗悪な紙幣を流通させ、各藩にこれを貸し付けていましたが、栄一はこの信用の薄い紙幣を保有することの危険を感じ、大阪からは米穀類を、東京からは肥料類を買い集め、これを商法会所に扱わせることで利益を出しました。

しかしこの成功は、旧幕府勢力の拠点である静岡藩が行ったことであり、やがて明治政府に警戒心を抱かせます。また利益が出ると同時に、御用達商人の間では利益や既得権の奪い合いが始まりました。結局、藩では商法会所を一度整理し、名前も常平倉と改めて栄一を中心とした民間事業とします。いろいろ問題はあったものの、これで栄一はフリーハンドを与えられたことになります。「よし、これからどの藩もやっていないような大事業を興そう」。栄一の事業構想は次第に具体性を帯びて膨らんでいきました。

ところが、世間は思うとおりにはなりません。栄一が常平倉の事業に意欲を燃やした丁度その時、突如新政府から徴命が下ったのです。上京した栄一は大蔵大輔の大隈重信を訪ねて辞退する旨を強硬に伝えますが、結局大隈の弁舌に負けて奉職することになってしまいます。当初栄一は、経理能力を買われて租税司に任ぜられますが、民部省内の制度が整っていないために政府の仕事が進まないことに気づき、組織や制度を研究する部署の必要性を説いたことから、新設の改正局改正掛長を任されます。

ここで栄一は前島密《まえじまひそか》、杉浦誠など旧幕時代の能吏を登用し、全国測量、度量衡《どりょうこう》の改正、租税の改正、貨幣制度、鉄道敷設、西洋式簿記の導入など、いわゆる近代インフラ整備に力を注ぎます。この時に栄一は、何でも西洋式に改める西洋かぶれだと批判を受けていますが、彼の考え方は日本が世界資本主義に参入しそこで利益を得ようとするならばプラットホームが必要であるというものでした。批判の多くは、藩閥を背景にした予算の分捕りに発しており、やがてこれが栄一の辞職につながっていきます。

栄一は事務能力においても、制度や組織の新設・改変においても抜群の能力を発揮します。明治二（一八六九）年一一月の就任から四年七月の異動までの間に関係した新制度は一六〇件に達し、まさに超人的な活躍といえます。彼が官吏時代に行ったことの中で、日本資本主義にもっとも大きな貢献をしたのは、明治四年の『立会略則《りっかいりゃくそく》』と『会社弁』の刊行でした。

『立会略則』は合本組織（株式会社）と殖産興業の基本的な構造とその思想とを紹介したものです。このなかで栄一は、「貿易売買を商といい、それを職とするものを商人というのは、天より与えられた美名で、単に個人が生計をいとなむための方便を称するのではない。（中略）商人は自ら利をはかる者として卑下することなく、堂々と営業すべきである」と述べています。国を富ませるには何よりも資本主義の興隆が必要であり、そのために商業者に対し奮起を促したのでした。

『会社弁』は、フランス語で書かれた銀行論を福地桜痴《ふくちおうち》が訳したものです。本書では、預金、為替、貸付、手形交換など銀行の基本的な組織、機能について説明しています。こうした知識を日本語で紹介したものは、もちろんまだありませんでした。バンクの存在をこの本で知った人も多かったはずです。これらの冊子は全国で販売されると同時に、各府県にも常備されてひろく商業者の参考となりました。

渋沢栄一は、五〇〇を超える企業の設立に関係し日本資本主義の興隆に尽くした企業人として一般に知られますが、民間企業に身を置く以前の官吏時代に行った近代資本主義のインフラ整備も彼ならではなしえなかった事業と評すべきでしょう。それは法や制度の整備にとどまらず、起業家精神の振興、商業人の社会的地位の向上、それに伴う商業人の社会的責任や行動規範の提示などにまで及ぶものでした。

実業家渋沢栄一

とはいえ渋沢栄一は何よりも実業家でした。官吏として近代資本主義への筋道をつけただけでなく、それを会社経営の実業によって自ら肉付けしたところにこそ、リアリスト渋沢栄一の本領が現れているのです。駆け足になりますが、その後の彼が行ったことを見ていきます。

官吏時代の明治五（一八七二）年一一月に国立銀行条例が発布されます。栄一が大蔵大輔の井上馨《かおる》とともに辞表を提出したのは翌六年の五月です。民間ではこれを諸手を挙げて歓待した人たちがいました。三井組の大番頭三野村利左衛門と小野組の小野善右衛門です。当時三井と小野は日本を代表する二大財閥でした。しかしそうであるがゆえに、設立が待望されていた国立銀行の話がまとまらなかったのです。栄一はその調停者として、当事者からも周囲からも期待されていたのです。

明治六年六月、ついに第一国立銀行が日本橋兜《かぶと》町に設立されます。しかし、その後も三井組と小野組の綱引きは続きます。そのさなか明治七年暮れに突如小野組が破綻します。これは放漫経営が原因とされていますが、直接のきっかけは新政府による担保額の引き上げと担保提出強化の方針でした。これによって各府県が小野組に預けた資金の回収に動いたことから、金融危機が惹起されたのです。

その後、三井は第一国立銀行の支配権独占に動きますが、栄一は素早く動いてこれを阻止します。さらにはより公正な運営を期して、自ら頭取職に就きます。栄一が生涯を通して独占を嫌い、公正な競争に努めたことはよく知られています。三菱（岩崎弥太郎）が海運業の独占を目指して他を寄せつけない過当競争に出たときにも、合本で帆船会社を設立して対抗し、三菱の独占を阻《はば》みました。資本の独占、市場の独占が資本主義の死につながることを、栄一はもっとも知る経済人でした。

以降の栄一は、抄紙《しょうし》会社、大阪紡績会社、日本郵船会社、東京電灯会社、東京瓦斯《ガス》会社、日本煉瓦《れんが》製造会社、東京石川島造船所など、多くの起業家を助けてその設立に関わります。またその一方では、商工会議所や手形交換所などの金融インフラの整備にも尽くします。さらに経済界にとどまらず、日本赤十字の創立、アメリカを中心とした民間外交、その他、商業教育や女子教育、漢学振興など、幅広い社会福祉事業にも尽くしました。

三島中洲の司法省出仕を推薦した玉乃世履は、司法省転出以前は民部省、大蔵省に在籍したことがあり、栄一とは親しい間柄でした。中洲と栄一の四〇年近い交流は、栄一が糟糠の妻千代夫人をコレラで亡くした後、玉乃の紹介によってその墓碑銘の撰文を中洲に依頼した時に始まっています。栄一が三三歳で大蔵省を辞するとき玉乃は懸命に引き止めました。このときの経緯を栄一は次のように述べています。

予が真味に論語を行状の規範にしようとの考えを起したのは、明治六年の辞官の時である。その頃予は有名な法律家玉乃世履氏と、ごく懇意な仲で、始終互に忠告し合う間柄であった。辞官の決心をした時に、今の井上侯は「時機さえ来らば、野に下って意の如く行うも可いだろう」との意見であったが、この玉乃氏は特に忠告された、「君は現在官界でも可なりの位置であり、将来を考えても極めて有望であるのに、今辞職するは実に惜しい。たとい、野に下って商人となつても、君にはとても金儲けは出来まい。しかも世間からは軽蔑を受けて、生涯官吏の頤使の下に働く身分に堕つるのは、君の為めに甚だ遺憾に思う。それも金儲けの為めと云うならば仕方もないが、さもなければ他に方法もありそうなものではないか」と摯実な忠告をされた。予はその時に確乎として答えた、「元より金を溜める為めに辞官はしない。一体実業家が今日の如く卑劣で、全く社会の尊敬を受けぬと云うのが、抑々間違って居る。欧米では決して官商の懸隔が斯くの如きではない。日本を早く官商同等の地位に進めなくては、到底実業の進歩する見込みがない。日本の商人が今日の如く社会の軽蔑を受けるのは、一つは封建の余弊でもあろうが、一つは又た商人の仕打ちが甚だ宜しくないからでもある。予不肖ながら此弊風矯正の為めに一身を献げたい。宋の趙普は論語の半部を以て天子を輔け半部を以て身を修めたと云って居るが、予は論語の半部を以て身を修め半部を以て実業界を救いたい覚悟で居る。何うか先き永く見ていて呉れ」と云った。その時論語と云うことを固く云ったのを今も能く記憶して居る、予が行住坐臥、事業を経営するも、事を処するも、是非論語に拠ろうと堅く決心を起したのは此の時の事である。

栄一は、資本主義の健全な発展のためには何よりも商工業界の地位向上、また商工業界自身の意識改革が必要だと考えたのです。そして商工業者の意識改革を『論語』に求め、「道徳経済合一」「論語と算盤」といった分かりやすい標語を掲げて、ビジネスにおける道徳の重要性を説いたのです。

中洲が説いた「義利《ぎり》合一《ごういつ》論」は、その基本的発想において渋沢栄一の「論語と算盤」説と同根のところがあります。中洲は、義と利を分けて考えるべきではない、永続する本当の利は義に則ったものでなければならないと考えます。ここでいう利とは、空腹になれば食い寒くなれば着るといった人間の根源的な欲求を指しますから、これを求めることが悪であるはずがありません。しかし、この利を追求する際に、私利私欲だけにとらわれず公益を目指すならば、利からむしろ義が生じると中洲は説きます。義とは利を追求する際の道標であり、本当の利とは義が調和のとれた結果であると述べています。

中洲のこうした考え方は、基本的に中国古典の解釈を下敷きにしていますが、西洋由来の民権論や功利主義の影響もあるかもしれません。当時こうした考え方は漢学者の間では必ずしも評価されませんでしたが、富の偏在、環境問題など、西欧近代が主導した資本主義が行き詰まりを見せ、地球規模のさまざまな不安定に直面するなかでＳＤＧｓが叫ばれているいま、渋沢栄一や三島中洲の考え方は素直に耳を傾けることができるように感じられます。

吉田茂と漢学

吉田茂といえば、上等な背広で身を包み、愛用のロールスロイスで葉巻を吹かす姿が印象的で、漢学との関係はなかなか想像できません。しかし吉田は、本人が生まれる以前から漢学と深くつながっていました。

吉田の実父は、土佐藩の重臣伊賀家の家臣で、明治になってからは実業家、政治家として活躍した竹内綱《たけうちつな》です。綱の親友で継嗣のなかった吉田健三は、茂の誕生以前から養子の約束を結んでいたといわれています。生後間もなく転籍しているので、茂も実母についてはほとんど語っていません。茂にとっての母は、養母士子《ことこ》一人でした。

この養母が実は幕末の大儒で、山田方谷も三島中洲も学んだ昌平坂学問所の教授佐藤一斎の孫に当たるのです。士子は自らの出自に対する強い誇りから、その立ち居振る舞いも常に端然とし、時に傲然とも思えるプライドを隠しませんでした。吉田は半分冗談で、自分が人から傲慢だと見られるのはこの養母の影響だと語っています。

吉田健三は茂が一一歳の年に、急逝しています。健三が事業の成功者であったことから、一一歳の茂には莫大な遺産が遺されました。そしてこの年、茂は神奈川県藤沢羽鳥村の耕余塾に入っています。耕余塾は小笠原東陽が開いた漢学塾で、この当時は小笠原の女婿松岡利紀が塾長を務めていました。

耕余塾は日中八時間、夜はさらに二時間というスパルタ教育で、漢学と英語を徹底的に仕込む学校でした。吉田は、外交という仕事を含めた自己の人生の基盤はすべて漢学から得たものだと述べています。

明治二七（一八九四）年同塾を卒業しますが、ここから吉田のなんとも奇妙な学校遍歴が始まります。この年の九月に日本中学に入学しますが、翌年九月には高等商業学校（現一橋大学）に入学。そして、翌春には正則尋常中学校（現正則高等学校）に入学、ここを短期で退学すると慶應義塾に数カ月、その後東京物理学校（現東京理科大学）に入学。その後学習院高等科を経て、学習院大学から東京帝国大学法科大学政治学科に進み、ここを卒業したのが明治三九年夏のことです。年齢は二八歳になる直前でした。

前述したように吉田は一一歳で、養父の莫大な遺産を相続しています。その家庭では母親や使用人から若様と呼ばれて育ちます。しかも寄宿生として五年間の教育を受けた耕余塾では優等生でした。吉田はここを卒業した一六歳の時点で、すでに人生に対する満々たる自信を得ていたようです。その自信が、端からみれば奇妙とも思える学校遍歴につながったようです。つまり吉田は、自らの判断でその時々の自分に必要なことを取捨選択して学校を選んでいたということです。母が常に口にした「この子は間違ったことはしない」という言葉も、彼の自信をさらに裏打ちしたことでしょう。

外交官吉田茂の素顔

吉田は、東京帝国大学を卒業した年の九月、外交官及び領事館試験に合格。一一月には外務省に入省します。「若様」と呼ばれて育った若者は、入省当時から様々な逸話を残しています。まず外交官見習い当時の吉田は、白馬に乗って通勤しました。並み居る先輩を悠然と追い越しながら、馬上から軽く会釈していったというのです。

また、これは少し後のことになりますが、大正五（一九一六）年に何かと可愛がられていた寺内正毅《まさたけ》の総理就任時に、大臣秘書官に誘われます。ところがこの誘いに対して、「自分は総理大臣は勤まると思いますが、総理大臣秘書官は無理です」と答えたという話は、伝説化しています。この他にも、赴任時に実父から添えられた紹介状をあえて着任時に出さず、「親の七光りは嫌いです」と言い放ったこともよく知られています。

こうした逸話の数々は、もちろん自己に対する絶対的な自信の表れですが、その自信が外交官吉田茂の強硬派としての側面にもつながっていきます。当時の日本外交官としては当然のことですが、吉田は中国政策においては満蒙分離政策を信条としていました。これは言うまでもなく、資源豊富な中国東北部を日本の植民地化する政策です。奉天総領事時代には、これを当時の政務次官森恪《もりつとむ》と強硬に推し進めるあまり現地の関東軍と対立し、急きょ本省に戻されています。要するに、強硬すぎる吉田に軍部ですら手を焼いていたのです。

中国東北部は日本の生命線であり、これを死守しなければならないという吉田の考えは昭和二〇（一九四五）年の破綻まで変わることはありませんでした。しかし、「軍部よりも強硬」とはいえ、吉田は外交官でした。満州事変（昭和六年）以降の、中国における日本外交の稚拙さや怠慢には強い批判を抱いていました。

吉田の外交方針は次のようなものでした。列強がマーケットを求めてフロンティアに進出することは当然のことであり、日本に対してもそれを認めない訳ではない。しかしそれは、慎重に英米などの同意を得て進めるべきものであり、日本にとってそれほど益もない上海などに手を出していたずらに列強の憤激を買うなどは、愚の骨頂であるというものです。

外交官吉田茂は、昭和三年外務事務次官に就任します。この事務次官時代の最大の仕事は、昭和五年に調印したロンドン軍縮会議です。この会議において日本の補助艦総トン数が対米七割をわずかに下回ったことは、国内において「国辱《こくじょく》」と喧伝《けんでん》され、右翼や国粋主義者による白昼堂々のテロリズムへとつながっていきます。もちろん対米七割弱を容認したのは吉田の方針であり、その理由が日米関係の悪化を懸念したものであることは明らかです。そして、こうした行動こそ、先に紹介した彼の外交方針に従ったものでした。

外交官生活の最後は、駐英特命全権大使です。しかし、すでに枢軸国《すうじくこく》側との同盟を前提にしていた日本政府の下では成果を上げることはできませんでした。このときには陸軍中央から、日独防共協定に同意せよという執拗な説得工作が行われましたが、吉田は終始一貫これを拒否します。長く欧米の情勢を見続けてきた吉田は、ドイツの勢いなど一時のものに過ぎないことを見抜いていたのです。

以降吉田は、岳父・牧野伸顕とともに軍部から対英米協調派と見なされ、テロの対象にさえなりますが、昭和一四年の退官以降も日米開戦阻止、戦争に突入後は和平工作に尽力します。一時は近衛文麿《このえふみまろ》元首相を伴ってスイスに飛び、和平工作に当たることを計画し、飛行機で飛ぶか、シベリア鉄道を使うか、潜水艦に乗るかという相談までしています。

そんな中昭和二〇年四月一五日、突如吉田が憲兵隊に逮捕されます。かねてから英米派危険人物として身辺にスパイを送り込まれ、監視が続けられていました。これにより、憲兵側が二月に行われたいわゆる「近衛上奏《このえじょうそう》」（近衛文麿が拝謁し、軍部の一部が赤化していること、国体護持のため戦争終結を急ぐべきことを上奏したこと）に吉田が関係している証拠をつかんだのです。

拘引《こういん》されたあとも吉田は取り調べの憲兵に対して傲然たる態度を崩さず、吉田が「ガラが悪い」と評した取り調べを上回る勢いで反論を繰り返したといわれています。結局、阿南陸相の独断で四十余日後に吉田は釈放されますが、この終戦間際の憲兵による逮捕劇が、戦後の彼の運命を大きく変えることになるのです。

昭和の宰相吉田茂

この二カ月後、日本はポツダム宣言を受け入れ、敗戦を迎えます。直後に組閣された東久邇《ひがしくに》内閣、それに続く幣原《しではら》内閣で吉田は外務大臣に就任します。軍部が政界から一掃された後の内閣の一員として、憲兵に逮捕された吉田の経歴はふさわしいものでした。しかしその吉田を総理に引き上げるまでには、いくつかの偶然が必要でした。それこそが、総選挙で第一党となった日本自由党を率いる鳩山一郎の政界追放でした。鳩山は昭和八（一九三三）年の「滝川事件」当時、文相であったことの責任を追及されたのです。これによって、第一次吉田内閣は誕生します。

しかし、国会においても、所属政党においても確たる基盤を持たない政権はわずか一年という短命でした。吉田はこの時点まで、議席すら持っていませんでしたが、昭和二二（一九四七）年四月の総選挙では実父の地元である高知から立候補し、トップ当選します。そんな中、日本最初の社会党政権となった片山内閣もわずか八カ月で倒れ、その間自由党では、鳩山に次ぐ実力者であった河野一郎までが追放されます。これによって吉田の政治的基盤は一気に固まるのです。

その後片山内閣の後を受けて第二次吉田内閣が組閣されますが、吉田は少数与党を嫌い早々に総選挙に打って出ます。この選挙で与党民自党は二六四議席と過半数を獲得します。これが、戦後史に残る輝かしい第三次吉田内閣の始まりでした。

さて、この内閣の最大の使命は、戦勝国との間に平和条約を結び、再び一個の独立国として国際社会に復帰を果たすことでした。ここから、米国務長官ダレスと吉田、連合軍司令官マッカーサー、そして天皇を巻き込んだ虚々実々の駆け引きが始まるのです。

昭和二二年には日本の軍国主義復活を恐れて、戦争放棄を含む日本国憲法を押し付けてきたアメリカでしたが、この時期には冷戦開始を迎えてその方針を大きく転換してきました。ダレスは露骨に再軍備を求めてきたのです。これを迎える吉田の方針は、独立国として再軍備の権利を保持しつつ、いまだ経済復興途上にある日本においては過重な軍事費の支出は、当面避けなければならないというものでした。

吉田はこの方針を通すために、マッカーサーを巧みに利用します。マッカーサーの口を通じて、再軍備ではなく、日本の軍事生産力と労働力を利用することの益を説き、それを日本の経済復興の梃子《てこ》にすることを図ったのです。しかし、ダレスも負けてはいません。ひそかに手を回し、天皇とのルートを作るのです。ダレスがここで強調したことは、共産圏拡大に対する強烈な危機感でした。

様々な経緯はありましたが、昭和二六（一九五一）年九月、サンフランシスコ講和会議は開幕します。怨恨と駆け引きに満ちた各国の一般陳述を終えた会議は、吉田による受諾演説でひとつのクライマックスを迎えます。そして八日オペラハウスにおいて共産圏を除く四八カ国が署名し、最後に吉田が署名を終えると、壇上にはそれまでなかった日章旗が掲げられました。無謀な開戦と敗戦により、六年にわたって世界の孤児となっていた日本が再び国際社会に復帰した瞬間でした。華やかな講和会議の一方で、吉田は米軍の日本駐留を希望する日米安保条約を同時に締結しました。

一四日、吉田は万歳の声に迎えられて帰国します。しかし、このときが政治家吉田の絶頂であったといえるでしょう。複雑な駆け引きの結果生み出された講和条約は、様々な問題点をはらんでいました。しかしそこには、吉田個人がその責任を問われるには、あまりに膨大で複雑な要件が詰まっていました。また同時に、独立を回復した日本では追放解除が進んでいました。これまで行く手を阻むことのなかった、老練な政党政治家たちが、次々と政界の表舞台に復帰してくるのです。そして昭和二九年一二月、第五次吉田内閣はついに終焉を迎えます。

吉田茂は政党政治家ではありませんでした。ことによると、政治家ですらなかったかもしれません。その意味では、吉田茂は政治という「こと」の中にではなく、外に立った人といえます。彼を取り巻く政治家たちが常に感じなければならなかったのは、吉田の政治家に対する冷たい蔑視《べっし》の視線でした。吉田が政治家とくに政党政治家というものを徹底して軽蔑していたことは事実です。だからこそ、占領という極限状態において、本当の政治ができたのかもしれません。

吉田は連合軍司令官ダグラス・マッカーサーには、こまめに書簡を送り、御注進とも思える会談も度々行っています。しかしその一方で国務長官ダレスには、歯に衣着せぬ舌鋒《ぜっぽう》で要求を拒絶し、提案を行っています。つまり、マッカーサーに対する接近も、ダレスに対する強気も、すべては彼が外交官時代から培った知謀であり、彼個人の人格とは無縁の行動でした。そして、その知謀を自らの使命として、政治家人生の最後にすべて使い切ったのです。

昭和37年役員一同で吉田邸を訪問、
舎長就任の快諾を得た

大磯に隠棲《いんせい》した吉田は、バラと蘭に囲まれて暮らしました。しばしば政界の人びとが訪れましたが、表舞台に上がることは二度とありませんでした。しかし、その晩年に二松学舎の再建を助けたことは、まだ戦後日本においてやり残したことがあると感じたからでしょう。

吉田は二松学舎の創立八六周年記念の式典で、学生たちを前に次のように述べています。

「二松学舎に牧野（伸顕）伯が関係しておられたことを承知しておりますが、それやこれやをもって、二松学舎に対しては、一種の親しみを持っておるのであります。

（中略）三島中洲先生の遺志が、今なお二松学舎には伝わっていると思います。どうか諸君は、三島中洲先生の遺志を継いで、立派な人になられて、国家のためにも学校のためにも、十分お尽くしになられんことを希望します」と。

二松学舎再建へのメッセージには、時代がどんなに移り変わっても漢学には存在意義があるという、彼のゆるがぬ思いが込められていたのです。

卒業生からのメッセージ 4

プロ野球選手

鈴木誠也（すずき　せいや）

平成25年附属高等学校卒業。在校中は、野球部に所属し、投手として活躍。打者としても対外試合で43本塁打を打ち注目される。平成24年プロ野球ドラフト会議で、広島東洋カープから2位で内野手として指名されプロ入り。平成28年、球団25年ぶりのセ・リーグ優勝に大きく貢献。「ベストナイン」、「ゴールデン・グラブ賞」など、多くの賞を受賞。同年10月には、WBCの日本代表に選出される。令和3年、東京2020オリンピックでは金メダル獲得に貢献、紫綬褒章受章。その後、MBLへの挑戦を表明。令和4年シカゴ・カブスとの契約を結んだ。

子どもの頃は、ただ野球が好きで上手くなりたい一心で練習をしていました。プロ野球選手の道を目指すようになったのは高校生になってからです。進路を考えた時、自分の性格からすると、大学生や社会人になったら、もう野球を続けないだろうと思いました。しかし野球のレベルはもっと上を目指したい。だったら、プロに入るしかないと考えるようになったのです。

二松学舎大学附属高校は、野球の技術はもちろんですが、それにも増して人間性や人間力を高めてくれる学校だと思います。市原監督からは「人間性が良く、人間力が高くならないと野球も上手くならないよ」といつも言われていました。このことは今もずっと意識しています。

シーズンオフの合間、東京に滞在していた時、少しでも顔を出して、お世話になった先生方に挨拶をしたいと思い、母校に寄らせていただくこともあります。でも実は、勉強がとても苦手だったので、今でも教室を見ると心拍数が上がってしまうのですが……。

高校では先生方からも監督からも、しっかり勉強もしなさいと、厳しく言われていました。だから授業にきちんと出て、真面目に座って聞いていました。中学時代はじっと話を聞くことさえできていなかったので、二松学舎時代にそこは少しは変われたかなと思います。

中学や高校時代、やはり勉強はやっておくべきだと思います。僕は勉強が苦手だったので、本当に勉強しなかった。だから、今、ときどき恥ずかしい思いをしています。少年時代から、とにかく、野球や遊ぶことが楽しくて、それに夢中になっていましたから。でも今は、必要だと感じたら、いつでも勉強します。

僕にとって野球とは「夢」です。それは常に自分が持っているもの、手の届かないところにあるもので、そこに到達するまでは、終われないものです。プロになった今でも、なりたいものがあるし、目の前のことではなく、一段高いところに「夢」を持ってやっています。将来やりたいことを「夢」として持っていることで、人間はそこにちゃんと向かっていくものです。少しずつでも、一歩ずつでも近づこうとすることで、いつか必ずその「夢」がかなう時がきます。だから誰にとっても、「夢」を持つことは大切なことじゃないかなと思います。後輩たちにも、「夢」はしっかりと持ち続けて欲しいと思いますね。

第五章

一松学舎の学窓II

――専門学校篇

昭和二（一九二七）年は、二松学舎創立五〇年の年に当たりました。この前年となった大正一五年、学舎は文部省所定の中等学校国語漢文科教員養成を目的とする専門学校の設立を計画し、舎長の渋沢栄一を中心に精力的にこれを進めます。もちろんこの方針は、時代の変化に対応したもので、漢学修養を目的とした「塾」の存立は厳しくなっていたものの、仁義忠孝を含めた儒学的徳目の必要性は日本人に広く認知されており、そのための教育者養成機関にこそ二松学舎の伝統が生きると考えられたからです。

大正八年五月、三島中洲は九〇歳で死去。これに伴って渋沢栄一舎長―三島復《また》学長体制がとられましたが、その復も大正一三年に亡くなります。この事態を受けて、児島献吉郎《こじまけんきちろう》が後を襲いますが、児島も京城帝国大学教授として転出することになってしまいます。この時、専門学校設立を視野に入れて招聘《しょうへい》されたのが、山田方谷の義孫である山田準《じゅん》（済斎《せいさい》）でした。

二松学舎専門学校の学風を形成した山田済斎

山田準は備中《びっちゅう》高梁《たかはし》藩士木村豊の三男として、慶応三（一八六七）年一一月二三日に生まれました。一五歳で小学を卒業し、旧藩校の流れを汲む漢学塾有終館《ゆうしゅうかん》で漢学を学びますが、塾の先輩や兄が東京の二松学舎に進むのに刺激を受け、自身も上京を望むようになります。一七歳の時（明治一六年）、東京の次兄から、三島中洲の学僕《がくぼく》に空きができ、その後任に推薦されたので至急上京せよとの報せが届きます。もちろん準は、鳥が飛び立つように上京します。当初の様子を本人は次のように記しています（以下準の記述は「松門懐旧雑記」による）。

（一一月一日三島邸着）其日中洲先生に見参が済み、先輩荘田に何事も聞けとの事であつた。其夜荘田君に連れられ飯田町を散歩して、正文章軌範一部を三十五銭で買うた。此が東京で書物の買ひ始めで、今に所蔵して居る。

翌日から玄関脇四畳の一室に吹野君と机を並べて読書且つ用事を務めた。毎日夜が明けると起きて雨戸を繰り、洗面所に清水を備へ、椽に雑巾をかける。夕には雨戸を締め、ランプを掃除して先生の書斎に供へる、之が常用で、其他は来客の取次用事の使ひなどであつた。時に揮毫用の墨磨り、全唐紙の書簡用截りつぎをしたが、不器用の身分には苦手であつた。一年後には吹野氏が去つて河野宇三郎氏が学僕の後任に来た。此人は老練端正の人で、余は益を受くることが多かつた。

当時塾は本塾柳塾梅塾と分れ、二松学舎の幹事は備中足守の人小林鳳之進氏で、本塾に居て能く余等の室に遊びに来た。塾頭には板野常太郎、佐倉孫三氏が居り、板野氏は禅を修め、佐倉氏は文名があつた。福井楠喜氏は学者といふ評判であつた。本塾の学僕は松田清氏、柳塾の学僕は斎藤次郎といふて拙堂先生の孫だと聞かされて驚いた。講堂の取締には元気な柳川元興氏が居た。生徒には久保雅友、柳荘太郎、船越光之丞、黒木安雄、山下亀吉（後に千葉と改姓）、織田萬氏など居り、岡村司、浄法寺五郎氏などは通学であつた。長尾槇太郎（雨山）氏も此時塾から堤静斎翁の知新塾に移つた。此の前後夏目漱石氏も通学した筈であつたが、気づかなかつた。其間に小林幹事は評判が悪く板野幹事が代つた。余等は学費御免で講義は聴けるのであつたが、時間上遠慮して中洲先生の荘子及び文章軌範、孟子（隔日）の講釈を聴き、時に小林幹事の八家文輪講に出た。先生の文章軌範講義は大主意を摘出し、大段小段節を分け、是亦各主意を説明し、字眼文脈等それはそれは条文縷析微に入り細を穿つた講義振りであつた。聴者は悉く之を筆記又は書入れする、余も始めて書き入れといふものをした。又た経書は郷塾では純ら朱子説で聴いたが、此に来て始めて折衷説を聴き、又朱子の誤りも聞かされた。

当時学課は三級に分れ、一級毎に又三課に分れて、毎年二度試験が行はれた。余は初年に三級の三課二課と合格して一課に上り、続文章軌範の「賀進士王参元失火書」の復文に美事数ケ処の顚倒をやらかして失脚し、不名誉を極めた。其次の試験には、二級を三課二課と突破し、一課まで進み、自重して踏み留つた、一課は左伝の程度であつた。其次に二級一課を突破し、一級三課まで進んだ、三課は詩経や荘子の程度で、此が余の最後であつた。

準が、山田方谷の血脈を継ぐことになるのはこの翌年、明治一七（一八八四）年のことです。中洲と旧藩主板倉松叟《しょうそう》（勝静《かつきよ》）との間でこの養子縁組は決まりました。現在では考えられないことですが、本人がまったく関与しない所で話は進められたのです。準本人が残している文章も、ほとんど他人事のようです。

余に山田方谷翁の孫養子として家統を継ぐべく国許の長兄に申入れがあり、話は運んだ。四月に郷の先輩東謙次郎氏に伴はれて帰郷し、山田家に入つた。此時始て老先輩進鴻渓翁に面謁した。翌月板倉公父子三人旧藩地に帰展され、余は其一行に随行して東京に還つた。

方谷は家族の縁に薄い人で、存命中に自分よりも年若い縁者を次々に失っています。結局方谷の跡には弟平人の子息耕三を養子に立てましたが、この耕三にも嗣子がなく、娘春野に養子をとることで家の存続を図りました。その養子が準でした。中洲の手許に呼ばれてわずか一年でこの話がまとまったところをみると、その人格、素質を高く認められていたことがわかります。しかも、旧藩の当主ら三名が直々にお国入りをして祝っているのですから、期待の大きさは大変なものです。

この後準は、東京大学古典講習科国書課漢書課生の第二回生に応募し、合格しています。「山田家を相続するからは、漢文を修め卒業の上は帰郷して墳墓を護るといふ方針の下に右の試験に応じた」のです。中洲の学僕室から弁当を持って赤門に通いましたが、教師陣をみると、中村敬宇（孟子）、島田篁村《しまだこうそん》（周礼、詩経）、秋月韋軒《あきづきいけん》（論語）、岡松甕谷《おかまつおうこく》（荀子）、内《ない》藤耻叟《とうちそう》（史記）、南摩羽峯（孟子）、諸儒及小中村清矩《こなかむらきよのり》、物集高見《もずめたかみ》ですから、二松学舎とはメンバーがかなり重複しています。

この東京大学における古典講習科新設は、「国語漢文の相続者養成」が目的でしたが、当時の世相は西洋の学風が最も高潮した時代で、英語万能法律万能の世の中を現出し、同学年中五人から六人も転学者があったということです。ちなみに、中洲の長子三島桂《けい》も合格はしたものの間もなく退学、アメリカに留学しています。

準もまた、「学問は偏してはならぬと思ひ、夜学校に通うて英語を学習」しています。同郷の先輩や次兄からも熱心に新学（法律等洋学）を勧められたことから、神田の専修学校に通って理財学の講義も聴いています。いかにも時代の雰囲気が伝わってくるようです。しかし結局、「余の頭脳が単純で他の学問には適せぬこと、又た家庭維持の重任が落ちかゝって来たこと、で、其からは何物も捨てゝ一意漢文に走った」のです。

二松学舎在籍時の山田準
（写真中央、明治33年）

しかし、明治二一（一八八八）年六月に卒業した彼らは、「漢学は益々下向き」となり、就職に苦しみます。それでも準は、中洲の配慮で二松学舎幹事細田謙蔵の幹事補として勤めることができました。とはいえ、この当時は漢学が再び凋落《ちょうらく》期を迎えており、その様子は次のように記されています。

時に二松学舎も衰微《すいび》の極に落ちたが、細田幹事は薩摩学生の陸軍士官学校及幼年学校に応試する者を特に入舎せしめて別途の教育を施すなど、種々計画して衰微を立直した。

その後も漢学は時代の進展による凋落と、にわかに起こる反動的な人気を繰り返していきます。山田準はその流れに翻弄されながらも、時に文芸誌や研究誌発行などにも手を染め、二松学舎で教鞭をとり続けますが、明治三二（一八九九）年熊本の第五高等学校に赴任が決まり、東京を離れることとなります。夏目漱石が五高からイギリス留学に発ったのが三三年の五月ですから、半年ほどは同僚であったことになります。これが転機となりました。

さらにその翌々年、鹿児島に第七高等学校造士館ができたことから、ここに漢文主任教授として転任します。この鹿児島時代は意外にも長く、およそ二六年間続きます。当時の心境を本人は次のように記しています。

余は此間に時処位の上から人生の帰趣といふやうな事を考へ、余が一生の心境も此間に定まつたやうな心地がする。此地には詩家として渋谷香北、知事の阪本蘋園、高野竹隠などが前後に居て余も詩社に加つた。又た釈洪嶽釈宗般など来錫して禅教も聴いた、西郷南洲も研究したが、要するに余の行業《しごと》は三つであつた。其は七高教授が当面の任務、是が一つ、又た二松学舎の先輩花田仲之助（少佐後中佐）氏が教育勅語の実践普及を勉める報徳会を鹿児島に創め之に参加して主要部に推された、是が二つ、次に有志者に促されて王学会を創め伝習録の講義を始めた、講義すれば研究せねばならぬ、是が三つ。元来余は二松学舎で中洲先生の伝習録講義を数回聴講するや否や古典科に入つたので、甚だ残念をした。されど先生の感化と、養祖父方谷翁の家学とは力強き自信を与へ、此の王学会を十九年間継続し、極めて独断ながら、私著陽明学精義は此間に出来た。

昭和15年当時の専門学校校門

大正一四（一九二五）年、七高教授を退いて講師となります。冒頭に紹介したように丁度この時、二松学舎では専門学校開設を視野に入れ、山田準への学長招聘が行われました。昭和元（一九二六）年二松学舎学長の辞令を受け、翌昭和二年六一歳の一月五日上京。以降昭和一八年まで、二松学舎専門学校の顔として、校長を務めました。

文字どおり、教育と漢学研究に生涯を捧げたその人間性は誠実無比。一度その謦咳《けいがい》に接した若者は、生涯尊敬の念を絶やすことがなかったといわれています。戦後の二松学舎中興《ちゅうこう》の祖といわれる浦野匡彦《うらのまさひこ》は、専門学校の二回生に当たります。この浦野が母校再建の苦難の日々に心の糧としたのは、山田準から贈られた「奚疑《けいぎ》（奚《なに》をか疑わん＝天命を楽しむ境地になれば迷いはない）」の書でした。師はこの一筆をもって、一人の傑物を母校の危機に立ち向かわせたのです。

激動期の指導者、那智佐伝

昭和一八年、喜寿を迎えたのを機に退任した山田準の跡を襲ったのは、那智佐伝《なちさでん》でした。佐伝は明治六（一八七三）年千葉県香取郡府馬村の生まれです。名は敬典《よしのり》、字《あざな》は天叙《てんじょ》、通称は佐典《さでん》、惇斎《じゅんさい》と号しました（本来、「佐典」と命名したが、戸籍上の誤りから「佐伝」となる）。明治二七年に二松学舎を卒業すると、学舎の助教を勤めながら、師範学校・中学校・高等女学校漢文科教員免許状を取得。明治二八年二三歳の年に、故郷府馬村に二松学舎分校に当たる学舎を創設し、地方青年子弟の教育に当たります。中洲は、この学舎に「菁菁学舎《せいせいがくしゃ》」と命名。門下は二〇〇人余に及んだということです。菁菁学舎は、明治三三年に閉じています。

明治三四年、再び二松学舎に入り、教授。そのかたわら成城学校講師となり、漢文科主任を務めます。明治四二年に財団法人二松学舎評議員となると、以降生涯二松学舎の経営に関与します。教育者としては、大正一二（一九二三）年、大東文化学院教授（同一五年まで）。昭和二年、実践女子専門学校講師（同一一年まで）。同、駒沢大学講師（同一六年まで）。昭和三年、再び大東文化学院教授（同二三年まで）。同、二松学舎専門学校教授。昭和一八年、二松学舎専門学校第二代校長兼漢学専修二松学舎学長に就任。

戦後も、昭和二六年、二松学舎大学長兼附属高等学校長。同三〇年、学校法人二松学舎理事長。同三三年、多年教育界に尽した功により藍綬褒章を授与されています。同三五年、七月一〇日、米寿祝賀記念会から祝賀を受けますが、この時、記念として『惇斎文詩稿』一巻が刊行されています。

佐伝が教授、学長を務めた頃の教授陣には、橘純一、塩田良平、森本治吉、吉田精一、萩谷朴《ぼく》、池田亀鑑《きかん》、冨倉徳次郎、暉峻《てるおか》康隆、風巻《かざまき》景次郎、高津春繁《こうづはるしげ》、山田準、那智佐伝、石川梅次郎、松平康国、小豆沢英男、三島一、等々錚々《そうそう》たるメンバーが揃っています。

昭和一八(一九四三)年の四月に学舎に入学し、同二〇年には在学のまま応召した評論家の荻昌弘《おぎまさひろ》が克明な文章を残しています。かなり長くなりますが、当時の雰囲気と、現代に生きる私たちへのメッセージが込められた文章であり、全文を紹介したいと思います。


私は、昭和十八年四月、二松学舎専門学校へ入学し、昭和二十年に卒業した。時節そのものが、今日の常識で律することのできない守勢の戦争下であったから、私はこの学校へ入るのも出るのも、まったく変則的であった。九段の教室でまともに教授たちの授業をうけたのは、一年生のあいだの二学期にもみたなかった。それでいて、半世紀の人生をふりかえるとき、学校生活は二松学舎のそれが、もっとも強烈な記憶となって比較的細部まで胸のなかにのこっている。異常な時代であったことと、学校の独自性が、若い心に深いものを刻印してくれたのである。

昭和十八年春、私は中学五年をおえて、旧制松江高校の入試に二次の体格検査ではねられてしまい、翌春の捲土重来を期して予備校に通うか、決心がさだまらぬまま、中学の推薦で無試験入学をゆるしてくれた二松学舎に、通学しだしたのであった。今だから正直に白状すると、浪人しているとヒマ人とみなされて容赦なく徴用にしょっぴかれる、私はそれがいちばんこわかった。旧制高校から大学へ進むとしても、しょせん私が選ぶのは国文学である。そしてその先は、二十五歳までにかならず戦死、という運命しか私を待っていない。それならば、もう二松学舎で思うさま国文学の世界にひたったほうが、ほんとうに自分に忠実な充実の日々をおくれるのではないか。——毎朝、小石川の家から自転車で九段へ行き、夜はそのまま神田の予備校へ顔をだし、また自転車をこいで家へ帰るあいだ、迷いにまよっていた春のことを、私はまだわすれない。靖国神社の夜桜の白さまで、その年のことは忘れることができない。

戦時下では学生も軍事演習に参加せざるをえなかった（習志野　昭和15年）

　授業には、しかし、非常な精勤といえる出席をつづけた。ひとつの学問を専攻できる、ということ。数学からも理科からも解放されて、私にとってはそれしかない国文学を、どんなにでも学べる、ということ。この、「専門学校」というものの自由な潤沢感は、私を有頂天にした。毎日顔をあわせる友人がまた、その国文学に関して、私よりも内容をもっている、ということ。この心地よさが、私をおどろかした。私は次第に、夜の予備校から足が遠くなった。

三番町の今の場所の、石垣の間の、広いが急な石段をあがると、正面に木造の校舎があった。校舎だけがあって、運動場も庭もなかった。私たちは、休憩時間には、建物の間のせまい通路の日だまりで、壁によりかかって短歌を語り、右傾思想にかぶれた友人をおだやかにからかい、そして岩波文庫を読みふけった。みんな、静かで、地味であった。教練はヘタだが、誰もが老成して落着いていた。時代のせいもあるが、それ以上に、世間のなかでここだけ、ハデでけたたましい風が吹き通ってこない印象だった。それが私には、性《しょう》にあった。

今から二年前、私はミス・ユニバース・コンテストの国内審査で、全国から選りぬかれた美女たちに面接した。群をぬいた美人がおり、大学での専攻をきいたら、二松学舎大学で中国文学を学んでいる、という。他の審査員には何の奇もなくきこえたろうこの答えが、私には、それこそ、青天のへきれきのようにひびいたのは、つまり、私自身の裡に生きてる二松学舎と、この女性の絢爛たる若やぎが、あまりにも、突拍子もなく対極でありすぎたからである。数年前にも、飛行機のなかで未知の若い美人に話しかけられたことがあり、その女性も、（私の学歴など知らずに）今いっている理科系大学をやめて、どうしても二松学舎大学で中国文学を学びたいのだ、と決意をうちあけ、私の目をむかせた。私は心の底から、現在の二松学舎とその男子学生に祝意を表さずには、いられない。私のいた三十余年前のそこは、こういう雰囲気から最も遠い地点にある、少し大仰にいえば杜のなかのすまいのような、ほのぐらい閑静だけが支配した学校だった。

正面玄関から奥へ廊下がつきぬけ、階上が二年生以上の教室だったが、私はついにそこで授業をうける機会がなかった。一階廊下の右側が広い一年生の教室で、いれれば六、七十名ははいりそうな空間の、殺風景な木机と長い木のベンチに、常時、二、三十名の一年生が点在していた。あの古びた明治調の、木造の茶色の質感は、なつかしい。だだっぴろいガラス窓の外の、植込みの葉が風にそよぐのへ目をおくりながら、私は塩田良平先生、森本治吉先生、冨倉徳次郎先生、吉田精一先生の講義がきけることに、満足しきっていた。国史の三島一先生、教育学の、のちに若いまま逝かれた宮坂哲文先生。瞼をとじると、そのおひとりおひとりが、少し高すぎる教壇の上から語りかけてこられたお姿やお声が、まざまざとよみがえってくるのに、おどろく。那智佐伝先生の講義も、忘れがたい。のち戦後、私は東大の入試で漢文の問題にでくわしたとき、見るなり、二松学舎で親しんだ孟子であることを、知った。もし私の合格が、その正解にもあった、とすれは、けっきょく私を東大へ送ってくださったのは那智先生ということになる。私の昭和十八年は、こういう先生がたと講義を得て、ほんとうにしあわせであった。

その年、初秋、突然、文科系学生への徴兵猶予が、停止された。朝刊でその文字を眼にしたときの私（たち）の衝撃——率直にうちあけてしまえば、ああ、やっぱり、とう、とう、……これまで、という挫折感は、いま説明してもわかってもらえるものではなく、また、その必要もないかもしれない。それは、二松学舎の学生が、はたちの成人に達すると同時に銃をとって戦線へ赴かなければならぬことを、意味していた。私は、あの有名な雨の神宮外苑競技場の、出陣学徒壮行会の日、スタンドで拍手して、先輩、というより、同級生を送った。今もそのニュースフィルムを見かえすたびに、手を拍って送った自分への万感に、胸が煮えるのである。そして、手をたたいて友を送った自分が、けっきょくは明日発つ身であった。私はこの日、きっぱり、旧制高校への転学の夢を、断ちきった。二松学舎専門学校学生として、兵士になり、戦死する。その道以外、もう、じたばたしない。

　専門学校一年生、といっても、旧制中学を出たばかりの十八歳の少年ばかりなのではない。むしろ、ストレートにここへやってきた私や、中学同級の水原一君は、珍しく〝純正な〟存在だったかもしれない。三十何歳の、学校教諭体験者もいた。旧制高校からまわってきた友、中学卒業後、ながく実務についていた友、長期浪人体験者――、同級の一年生は、何らかの、人生を持ってここへ来た人たちであった。だからこそ、私は虚心に、年若な友になれたのだとおもう。そういう年長の友にとって、徴兵猶予停止は、きょうにも、教室から、黒い詰襟服の上へたすきをかけ、赤い紙をにぎって、兵営の門をくぐる、その運命の選択をいっさい連隊区司令部にまかせることだった。私たち一年生は、間もなく、教室の授業が全部閉鎖され、全員そのまま、赤羽にある日産化学の大工場へ、勤労動員という名で、労働者としての通勤をはじめる。あの工場の前庭で、私は幾人、同級生の出征を、見送ったろう。ほんとうに櫛の歯が欠けるというその形容通り、ひとり、またひとり、友は黙って、戦線へ去っていった。

　昭和十九年から二十年のはじめまで、私は角帽だけ二松学舎の、あとはカーキ服にゲートルを巻き、腰にアルミの弁当箱をさげた肉体労働者学生であった。月曜の朝から土曜の夕べまで、私たちは苛性ソーダのトロッコを押し、満洲から送られてきた大豆粕の板を砕き、それを熱室《むろ》で処理した。白昼の空襲では焼夷弾ではなく爆弾が工場を直撃し、他校の学生が吹きとんだ。ひるは工員食堂で、雑炊の給食であった。弁当箱は、カラにしたあと大豆粕をつめ、ひそかに家へ持ちだして、一家はアミノ酸醤油をまぶして焼いたそれを、空腹のせめてもの足しにするのだった。卵をうませるため家で飼ってた鶏は、この豆粕をわけてやったあとだけ、よろめく足をふみしめて、なんとか立上れた。

今からふりかえれば、すべてが正気の沙汰ともおもえないその日々、しかし、私たち自身は、じつに何でもなく、工場労働の毎日をしぜんな日常として、送りつづけた。なかでも、生涯、私の人生で、これ以上うれしいことは起りえまい、とおもえるほど今も胸の奥深く焼きつくのは、塩田良平先生がじつにしばしば私たちを看とりに工場へかよってくださって、労働のあいま、十分か十五分の小休止時間に、工場の天井につるされた狭い工員控室で、数少くなった学生を相手に〝授業〟をつづけてくださったことだった。一葉の話もあり、先生ご自身の恋愛体験のおもいでもあった。教科書もノートもない。学生はほこりだらけの大きな木の卓で先生を囲み、一語ものがすまいと聞き耳をたて、質問し、わらい、——そしてまた、ひとりひとり、だまって戦争へ出ていった。私は、ここまでの短くない人生のあいだ、このときくらい、「師におそわった」実感をもったこともなく、またこのように、若い者を教えたことも、ない。これこそ、「教育」であった。私は、この工場の二松学舎で松下村塾を体験できたのだ、と他に書いたことがある。私が家からクラシックレコードの何枚かを運んでゆき、工場の講堂でコンサートをひらいて職員たちからもよろこばれた日、先生は食堂で、もういちどベートーヴェンの「第五」をきこう、とおっしゃった。小さな蓄音器で鳴るトスカニーニに、「いいね、いいね」と何度もうなずかれた先生の、ほそいふちの眼鏡の奥の瞳を、私は忘れない。――私はその塩田先生に、戦後、「おゆき」のテレビドラマ版で映画評論家の役になって出演したほか、ついに何ひとつ、ご恩がえしはおろか、お礼ひとつ、申しあげられずに、とうとう、おわかれすることになってしまった。

私に赤紙がきたのは、昭和二十年五月である。もはや、見送ってくれる友さえ、いない末期の状況だった。私は、旗もノボリもなく、タスキもかけず、自分が今、二松学舎専門学校の何年生なのかの実感もなく、二等兵になった。幹部候補生は、試験すらうけなかった。うけられる状況ではなく、万一うけてもいっぺんではねられたろう。二松学舎専門学校の私たちは、教練の査閲さえ通らず、査閲官が代々木の原で、学校教練開始いらい前代未聞の不祥事だ、と激怒したほど、軍事教練はカラだめの学校だった。

いくさに敗れ、その年の十一月にアメリカの掃海艇で復員させられた私は、とにもかくにも九段の校舎へ行ってみた。学校はあとかたもなく焼けおちていた。廃墟のまちを、立退先という、たしか世田谷のあたりであったとおもう、ま、どこにしろ一望の焼け跡なのだが、バラックに間借りをした学校事務所へたどりついて、――私はおどろいた。なんと、学校で半年も授業をうけたおぼえのない私が、二松学舎専門学校を卒業したことになっており、国漢文の中等教員検定まで、通っているのであった。いくら何でもこれだけはヘンだ、とおもい、私は在籍年数すら満三年にみたないのだから、と説明したが、ともかく君はもう学校を卒業してる、と取りつく島もなく、けっきょく私は、非常にありがたく卒業証明書を頂戴してしまった。書類はまさに正式なものであったのだろう。翌年、はじめて高専卒業生や女子にも入試をトライさせることになった東大では、私の受験申請をうけつけ、そして私は入試に合格した。

――入ってから出るまで、ともあれ、〝つねならざる〟ことのみによって、私の人生のなかに、最大の強烈な思い出をはなつ母校なのである。

当時の専門学校の卒業生の多くは、中等学校の教員になっていますが、研究者の道を歩んだ者もおり、国文学界では、説話や民俗学的視点から国文学に体系的な実績を残した、法政大学教授の益田勝実。同じく説話研究から多くの実績を残した駒沢大学教授、水原一。国語学者で王朝文学を中心に研究を続けた大阪市立大学教授の塚原鉄雄。のちに二松学舎大学学長となる評論家佐古純一郎などがいます。

中国学界では、立命館大学教授で、唐詩を中心に多くの著作を遺した高木正一。戦後、現代中国研究の第一人者となった京都大学教授竹内実、専修大学教授斎藤秋男も、二松学舎専門学校の門をくぐっています。他に塾出身の文学者として、歌人で国文学者の落合直文、詩人の薄田泣菫、歌人の前田夕暮、作家の近松秋江等の名前が挙げられます。

二松学舎中興の祖、浦野匡彦

荻の回想にあるとおり、二松学舎は空襲により校舎を失いました。一時渋谷区に仮校舎を置きましたが、昭和二二（一九四七）年には開校の地に新校舎建築が始まります。また、戦後の大幅な学制の改革に対応するため、専門学校から新制大学への転換を目指します。しかし、校舎の新築、新体制への転換とともに、二松学舎には経済的な裏付けがありませんでした。

この時期、塩田良平教授が代表理事となって経営に当たりますが、生粋の国文学者である塩田の経営手腕は未知数でした。昭和二四（一九四九）年に理事となった松浦昇平が経営の実権を掌握すると、それでさえ窮迫している大学の経営を壟断《ろうだん》していきました。これに対し、教職員はもちろん学生自治会も抗議の声を上げ、ついに事態は「二松学舎大学事件」として国会にまで持ち込まれるのです。

浦野匡彦は、二松学舎専門学校の第二回生でした。卒業と同時に外務省国費留学生として、東洋政治哲学研究を目的に中華民国の北平（北京）に留学しました。留学中は王陽明遺跡の調査を中心に研究を続けますが、これに一応の区切りを付けると、昭和九年からは満州国官吏として現地で活躍します。幼い頃から行動力に飛んだ浦野は、「海外雄飛」という戦前の若者の志を抱き、それを実現したのです。

とはいえ、旧植民地で敗戦を迎えた浦野は、苦難の中相次いで両親を失いながらも、同朋の帰国に尽力します。自身が一家とともに帰国したのは昭和二一年のことでした。やっとの思いで故郷群馬に辿りついた浦野は、ほどなく母校を訪れます。彼の人格、実行力を知る学校関係者は、すぐに二松学舎の理事、評議員就任を依頼します。しかし引き揚げてきたばかりの彼に有り余る母校愛はあっても、揮うべく力は十分ではありませんでした。そんな中、母校の紛争が容易ならざる事態に陥ったことを知らされます。この危機に際し、浦野は自身の都合を一切放擲《ほうてき》し、事態の収拾に向かうのです。

まず問題解決のため、一時全学休校の措置をとりました。そして昭和三〇年九月一四日に臨時評議員会を召集し、体制の建て直しをはかったのです。もちろんこの臨時評議員会開催にあたって、浦野が周到な準備をしたことはいうまでもありません。すべては、政治・行政に精通し、思いきった実行力を備えた、浦野ならではの果断な処置によって初めて可能となったことでした。

ここから二松学舎の再建は始まります。新しい理事会は、那智佐伝を理事長兼学長として発足しますが、この体制では計画は遅々として進みませんでした。そして、一年が経過した頃、浦野を常任理事に推す話が持ちあがり、前任者の任期満了を機に、昭和三二年四月から常任理事を引き受けます。

戦後の二松学舎の発展を
支えた、浦野匡彦

浦野はやむなく、群馬県の社会福祉関係を中心とした一切の常任的役員を辞すると共に、月給さえ受け取ることのできない二松学舎の財政状況を考え、家族の生活の安定を図るため、前橋の自宅の庭に借入金で保養施設、愛全会館を建て支配人に経営させ、自身は本腰を入れて母校再建に専念しました。

二松学舎の再建は、校舎の各教室に「整理・整頓」の標語を貼ることから始まりましたが、新理事長の献身的な努力と理事、教職員の懸命なる協力とによって、財政はみごとに蘇生するのです。

もっとも大きな問題は、大学の土地が松浦の作成した公正証書により、学外者の手に渡り、これが期限切れとなって執行されれば、当然同氏の土地となってしまうことでした。また、現在附属高校のある場所は、住友銀行の担保流れとなり、道路に面した土地には職員寮が建てられ、その奥にはどのような住人がいるのかも不明な状態になっていました。さらには、私学共済組合や私学協会への未払い金は、金額の算定すらもできない乱脈ぶりだったのです。これらの処理について浦野は、こう記しています。

第一の公正証書の問題は、幸いに某氏の手中にあったため、しかも某氏の顧問弁護士の大川甚太郎氏が二松学舎の存続に好意的な考え方を持たれていたので、正に天運であった。当方も弁護士を依頼し、数回交渉したのだが、結果的には某氏すなわち真部友一氏と私とで腹を割った話をして、公正証書記載の全額を本学に寄附してもらい、真部氏を私と同格の常任理事として迎えることによって、三十三年十月に解決したのである。第二の住友銀行の問題は、福田赳夫先生の紹介状だけで住友銀行に乗り込み、当時の東京駐在の伊部、安藤両重役に種々交渉し、お願いした。結局は安藤太郎氏（現・住友不動産社長）から「貴殿はドスを持って交渉しに来ているような方だ、何とかうまく解決しましょう……」と、銀行員にはめずらしい腹芸をしていただいて、三十四年に買い戻すことが出来たのである。

第三の問題は、種々雑多で、家庭裁判所や簡易裁判所をわずらわして解決したものもあり、時間的にも精神的にも長期かつ不快の伴ったものであったが、いずれも三十七年三月までに片づけることが出来たのは幸いである」（「私の足跡」）

こうして浦野が常任理事に就任してわずか五年で、二松学舎は健全財政に転ずることができました。

昭和三二（一九五七）年一〇月一〇日の創立記念日を迎えるに当たり、二松学舎創立八〇周年記念式典、記念講演会の開催、そしてこの日を期して第一次五カ年計画を策定しました。これは昭和三二（一九五七）年から三六年までの予定で始められました。

昭和三七年には、二松学舎理事長に就任します。これは、那智佐伝が九〇歳の高齢と健康上の理由で理事長・学長を辞任したいとの申し出に伴うものですが、紛争収拾に当たっての活躍とその後混乱期にあった無一物の二松学舎を先頭に立って復興発展に導いた手腕と実績が認められたことは当然です。しかしこれに対しては、「私は、先師の遺徳を偲ぶと共に天運に感謝し、終戦後一〇年間で『松葉将壊滅』の道を生んだ二代の理事長の轍を見つめ、自ら理事長としての不敏不徳を自覚し……」（『私の足跡』）と、理事長として決して奢《おご》ることなく、二松学舎復興に向かって第一歩を踏み出しました。これを受けて、前理事長が兼務していた学長職を当時文学部長であった加藤《かとう》常賢《じょうけん》博士に依頼します。

さらに、ここで浦野は就任と同時に二松学舎九〇周年記念事業として第二次五カ年計画を策定し、附属高等学校校舎の増築、大学校舎の改築、運動場の建設、大学院設置等を含む事業を次々と実現させていきました。

そしてその遂行については、昭和三八年に舎長に就任した吉田茂の存在が大きく働いています。吉田舎長の就任は学生、職員、関係者に誇りと自信を与え、事業に必要な用地買収交渉でも先方に対して大きな信用となりました。

浦野理事長は、この後昭和四三年には附属沼南《しょうなん》高等学校（現柏高等学校）校長、同名誉校長、二松学舎大学長等々を歴任し、昭和六一年一〇月、創立一〇九周年の式典を七六歳で祝ったあと病を得て、同年一二月二日死去しました。

すべての日本人が価値観と道徳の混乱の中にあった昭和二〇年代に、二松学舎もその経営に人材を得ることができませんでした。この母校の危機に敢然と立ち向かい、二十一世紀の人材育成に道を拓いた浦野匡彦の功績は単に二松学舎大学の再建に止まらず、我が国東洋学の正系を守り通した壮挙であり、まさに現代における陽明学の実践でした。

卒業生からのメッセージ 5

小説家

村田沙耶香（むらた　さやか）

平成10年附属沼南高等学校（現附属柏高等学校）卒業。平成15年「授乳」で群像新人文学賞（小説部門・優秀作）受賞。平成21年『ギンイロノウタ』で野間文芸新人賞、平成25年『しろいろの街の、その骨の体温の』で第26回三島由紀夫賞、平成28年『コンビニ人間』で第155回芥川龍之介賞受賞。

photo:Sayo Nagase

作家としてデビューして十四年になるが、二松学舎沼南（現在は柏）の附属高校で過ごした思い出について、私はほとんどエッセイに書いたことがない。なぜかというと、その時代、私はとても呑気で、あまり悩みや葛藤がなかったからだ。人見知りで小学校や中学校では苦労した私だが、高校では友達に恵まれ、毎日学校が楽しかった。休み時間も放課後も、くだらない話をしては笑い転げる日々だった。

悩みという悩みがなかった日々を、文章にするのは難しい。でもそれは自分にとっては特別な時間だった。電車を乗り継いで学校へ行く。鞄の中には、大好きな作家さんの本を数冊、こっそり忍ばせている。昼休みは仲良しの友達とお弁当を食べ、くだらない話に没頭する。放課後は部活へ行き、美術室で好きな絵を描いている。

顧問の先生にふざけてじゃれついて、「村田うるさい」などとあしらわれ、それも妙に可笑しくて、友達と顔を見合わせて笑う。

言葉にするとなんでもない日々だ。それでも、思春期が苦しかった私にとって、こんなに笑いながら学校で時間を過ごす時間は、奇跡のようなものだった。

「しろいろの街の、その骨の体温の」という小説で、中学生が感じる思春期の息苦しさについて書いたことがある。そこで、「幸せさん」という、学校内の目に見えない呪縛にまったく気が付かないで幸福な日々を送っている男の子を登場させた。編集さんに、「私、高校では『幸せさん』だったのかもしれません」と言うとびっくりされた。自分でも言いながら驚いていた。

小説家にとって、ただ幸せな呑気な日々は、文字にするのも分析するのも難しい、難解なテーマだ。高校時代、唯一悩みがあるとすれば小説が書けなくなったことだった。葛藤がなくなったせいだと思っていたが、今はこうして小説を書いている。あの一見呑気だった日々に知ったことは、確かにこの身体に宿っている。そのことは自分の小説の中の眼差しに、「苦しさ」とは違った角度を産んでくれていると思っている。

いつかこの「呑気さ」を小説にしたいなあ、と思いながら時間がたってしまった。それはもうすこし未来の課題かもしれない。書きやすくはないテーマを私に与えてくれた学生時代に、作家として心から感謝している。

二松学舎の新たな歴史

History of Nishogakusha

145年目を迎えた二松学舎が目指す、次なるビジョン。それは伝統を守りながら、世界に通用する人材を育てること。三島中洲の建学の精神が、21世紀に再び輝きだす。

都心にありながら緑豊かな九段キャンパス

九段1号館エントランス

九段4号館ラーニング・スクエア

漢学塾時代と同じ位置に植えられている校名の由来となった二本の松
(九段1号館公開空地)

九段２号館プレゼンテーションルーム

九段１号館学生ラウンジ

九段キャンパス

History of Nishogakusha

明治10年、小さな学び舎から始まった二松学舎は、いまや最新の設備とネットワーク環境を整えた、最先端のキャンパスへと変貌した。靖國神社や千鳥ケ淵に近く、都会の喧騒を忘れて学生たちは、青春を謳歌している。文学部と国際政治経済学部の2学部に6学科が置かれ、広い教養と深い専門性を身につけるための全16専攻が用意されている。

少人数で議論するゼミで専門知識と国際感覚を養う国際政治経済学部

文学部　書道の授業

九段４号館リフレッシュカウンター

文学部　古典芸能「能」の授業

大学資料展示室

36万冊の蔵書を有する図書館

九段1号館
中洲記念講堂

学生の課外活動「落語研究会」

令和４年九段５号館に新設されたグループ・ワーキングエリア

多様な価値観に触れ国際的な感覚を
身につける「海外留学」

イタリア ベネチア所在 カ・フォスカリ大学

平成16年九段1・2号館、同21年九段3号館、同26年九段4号館が完成。その後、ラーニング・コモンズの設置や学生窓口のワンストップサービス化を行うなど教育施設環境を整備。さらに同29年に九段5号館校地・校舎を取得し、九段エリアにおける本学のキャンパスゾーンが広がった。

また北京大学やバッキンガム大学、カ・フォスカリ大学など、海外の多くの大学と協定を結び、世界への道も確実に広がっている。

スクールバスを降りると、目の前が柏キャンパス正門

柏キャンパス

History of Nishogakusha

眼下に美しい手賀沼を見下ろす絶好のロケーション。柏キャンパスは、水と緑に囲まれた豊かな自然と、図書館やスポーツ施設など、最新鋭の設備で学生たちを迎え入れてくれる。

柏2号館

柏キャンパスの学生食堂

柏附属図書館

三つの附属校

History of Nishogakusha

大学と同様の建学の精神を教育の基本とする附属校。東洋道徳の基盤『論語』を特設科目とするなど、特色ある教育方針で、豊かな人間育成を目指す。九段の附属高等学校、柏の附属柏中学・高等学校の三つがある。

附属高等学校校舎

全天候型柏グラウンド

豊かな人間力を育む『論語』の授業

令和４年夏の甲子園開会式リハーサルの様子　3季連続出場を決めた附属高等学校野球部
(朝日新聞社提供)

附属柏中学・高等学校

体育館

附属柏中学・高等学校校舎

附属柏高等学校のグローバル教育

附属柏中学・高等学校　生徒全員に
タブレットを配付「ICT教育」を推進

全国レベルの附属柏高等学校吹奏楽部

附属柏中学校　自問自答プログラム
「田んぼの教室」

附属柏中学校　グローバル探究コース
海外研修プログラム

二松学舎の未来

History of Nishogakusha

創立１４０周年記念式典で、水戸理事長より二松学舎が未来に向けて進むべき新長期ビジョンとして公表された「N'2030 Plan」。１４５周年を迎えた今、この長期ビジョンに基づき、２０３０年さらには創立１５０周年を見据えた様々な事業が執り行われた。

創立140周年記念式典（平成29年）

映像を用いて新長期ビジョン
「N'2030 Plan」を説明する水戸理事長

創立140周年を記念し製作
された「漱石アンドロイド」

創立145周年を記念し「三島中洲邸・漢学塾二松学舎・二松学舎専門学校跡碑」および「創立由来等説明板」を設置
七五三附属柏中学・高等学校長／鵜飼附属高等学校長／江藤学長／水戸理事長／五十嵐常任理事／西畑常任理事／小町事務局長（左から）

第十六章　二松学舎の現況と長期ビジョン

明治維新が日本史上の大転換点であったように、昭和二〇（一九四五）年の終戦を境とする戦後もまた大転換点でした。憲法・法律を始めとして、教育面にもさまざまな改革が求められたのです。高等教育においても、学制の改革とともに全国に多くの四年制大学、短期大学が誕生しました。

創立者三島中洲の遺志を継ぎ、国文・漢文の専門学校として揺るぎない地位を築き、やがて二〇年を迎えようとしていた二松学舎は、当時の経営者たちの努力により、新たに四年制の大学として出発することになりました。戦火によって校舎を焼失した中での悲壮な決意でした。

この学校再興を支えたのは、創立者三島中洲が明治一〇（一八七七）年に当時西欧一辺倒となった風潮に対して強い危機感を抱いたのと同じく、戦後の占領下においてすべてが米国流に傾こうとした風潮の中で、なんとしても創立者の意志を貫こうとする強い思いでした。現在の文学部の基本的な形は、この時できあがっています。

昭和三〇年代から四〇年代、進学率が高くなり、高等教育が大衆化していく中でも、二松学舎大学は、文学部国文学科・中国文学科のみの単科大学として、独自の教育研究を展開してきました。やがて年を追うごとに入学志願者が増加してきたのに伴い、両学科とも二度の定員増をはかりました。また校地を千葉県沼南町（現柏市）に求めて昭和五七年には「沼南校舎（現柏キャンパス）」を開校。一、二年次生が沼南校舎で一般教育課程を、三、四年次生が「千代田校舎（現九段キャンパス）」で専門課程を学ぶことになりました。

一方、一九八〇年代にはいると、経済に端を発する情報や価値観のグローバル化が始まり、豊かな国際性を身につけた人材の育成が大学に求められるようになりました。そうした社会の要請に応え二松学舎大学は、東洋の精神による人格の形成と国家社会に寄与する国際性豊かな有為の人材の育成という大学の理念に基づき、平成三（一九九一）年四月、それまで文学部の一般教育課程を開講していた沼南校舎に2号館を竣工し、四年間を通して沼南校舎で学ぶ、国際政治経済学部を開設しました。平成一六年には、創立一三〇周年を記念して、千代田校舎が、地下三階・地上一三階の都市型キャンパスとして九段1号館・2号館に建て替えられ、文学部、国際政治経済学部とも、専門課程を九段キャンパスで学ぶことになりました。さらに、創立一三五周年を記念し、九段3号館を竣工。これを機に、平成二三年からは、全ての学生が九段キャンパスで学ぶ、九段集約を実施しました。平成二六（二〇一四）年には二〇二〇年の本学のあるべき姿を描いた長期ビジョン「N' 2020 Plan」に掲げたキャンパス整備の一環として、九段4号館が竣工し、九段の地にトライアングルの九段キャンパスゾーンが生まれました。

二松学舎創立一四〇周年を迎えた平成二九年には、二〇三〇年に向けた新たな長期ビジョン「N' 2030 Plan」を公表し、さらなる教育改革を目指し、歩み始めました。創立一四〇周年記念事業として、文学部に都市文化デザイン学科を開設し、また、九段4号館のほど近くに九段5号館校地・校舎を取得しました。翌平成三〇年には、国際経済学部に国際経営学科を開設。さらに、令和四（二〇二二）年には文学部に歴史文化学科を、大学院に国際日本学研究科を開設し、学びの幅を大きく広げました。

この章では、文学部の創設から今日の二松学舎の姿までを記すこととします。

二松学舎大学の教育研究組織

文学部　学制の改革を機に、昭和三（一九二八）年以来、国語漢文を中心とした二松学舎専門学校は、昭和二四年、四年制の「二松学舎大学」となりました。学部は文学部のみ、学科は国文学科・中国文学科の二学科編成で、定員は一学年それぞれ七〇名・三〇名。全学年合わせても四〇〇名という極めて規模の小さな単科大学でした。

しかし教授陣は、学長の塩田良平をはじめ国文学、中国文学ともに錚々たる顔ぶれでした。国文学の池田亀鑑《きかん》、藤村作、橘純一、吉田精一、森本治吉《じきち》、冨倉徳次郎、萩谷朴《はぎたにぼく》、中国文学の那智佐伝《なちさでん》、塩谷温《しおのやおん》、奥野信太郎、加藤常賢《じょうけん》、石川梅次郎らが、専任もしくは兼任として名を連ねています。

長らく国語・漢文の教員を輩出してきた実績に基づき、新制大学移行後も、早速に教員免許状取得のための教職課程の申請が文部省（当時）に提出されました。昭和二九年には国語（中学校・高等学校）、書道（高等学校）教諭の資格が、そして翌三〇年には中国語（中学校・高等学校）教諭の資格も認可されました。さらに昭和三五年には、「書道専攻コース」「中国語専攻コース」が置かれ、今日の多様な専攻の先駆けとなりました。

やがて年を追って入学志願者が増加したことに伴い、二度の定員増を図りました。

平成二九年には、新制大学への移行以来初めての新学科「都市文化デザイン学科」が誕生しました。新時代のグローバルな文化状況に即応する現代的な学科です。

さらに、平成三〇年には、国文学科の入学定員を四〇名増員。その結果、学科として我が国最大規模である国文学科が三〇〇名、漢学塾二松学舎の伝統を受け継ぐ中国文学科が九〇名、新設した都市文化デザイン学科が五〇名、計四四〇名の構成となりました。

また、学生の多様なニーズに応えるべく、国文学科に国文学、映像・演劇・メディア、日本語学、日本文化、比較文学・文化、中国文学科に中国文学、日本漢学、中国語、書道、韓国語、比較文学・文化（国文学科と共通）、都市文化デザイン学科に文化デザイン、都市・メディア、グローバルコミュニケーションと、合わせて一三専攻を置きました。この時期のカリキュラムの特徴として、主専攻の他に二八単位もの「自由選択科目」を置き、他専攻、他学科、他学部の科目をも受講可能にしたことがあげられます。この「自由選択科目」は、主専攻の単位だけを数多く取ることも、他専攻や教養科目を併修することも自由に選択できるものでした。これは、専門学校時代に国漢を併修し、国文にも漢文にも強い教員を送り出してきた伝統の継承でもあります。

令和四（二〇二二）年、定員六〇名の歴史文化学科が開設されました。文学部四つめとなる本学科では、日本史を中心にしながらも東西の歴史と文化を複眼でみつめることができる真の国際人の育成をめざしています。歴史文化学科の開設に伴い、国文学科の定員を三〇〇名から二四〇名とし、都市文化デザイン学科に三年次編入枠を三〇名新たに設けました。

歴史文化学科開設とともに全学的なカリキュラムも見直されました。大学の共通科目として自校教育、キャリアデザイン、ITリテラシー、データサイエンスの科目が設置されたほか、「自由選択科目」は「他学科・他専門科目」と編成され、他学科・他学部の専門科目を積極的に履修するカリキュラムとなりました。

専攻分野も各学科三専攻ずつに再編成されました。漢学塾から始まった歴史を踏まえ、中国文学科から説明します。「中国文学・日本漢学専攻」においては言語・思想・文学という中国文化全般を扱うとともに、我が国に文字と文化をもたらした中国文を「訓読」という独自の翻訳と表現によって高度な研究にまで範囲を及ぼす日本漢学も学びます。そして言語を系統的に学び、かつ実践的な力を養成するために「中国語・韓国語専攻」が置かれています。また「書」という芸術の表現および鑑賞を学ぶには「書道専攻」があります。

国文学科には、中国文化の影響を強く受けつつも、独自の展開をして今日に至る我が国の国文学の世界を、上代・中古・中世・近世・近現代と時代別にゼミナールをおいて探求する「国文学専攻」を中心に、文字以外の表現方法に範囲を広げ、伝統文化の能・狂言から、今日の映像・演劇までを扱う「映像・演劇・メディア専攻」があり、また日本語を古代語から現代語まで幅広く見つめ、実践的に研究する「日本語学専攻」が置かれています。

都市文化デザイン学科では、現代のメディア状況を理解した上で創造と発信の技術を学ぶ

「コンテンツ文化専攻」、観光ＤＸの事例等を検証しながら企業や自治体との連携も視野に入れる「観光メディア専攻」、日本固有の文化理解とグローバルな発信の両立をめざす「国際日本学専攻」の三つの専攻を置いています。学科開設に合わせ、海外からも注目されるクールジャパンの中心地・秋葉原に文化発信拠点として新施設AKIBA Lab.（アキバラボ）を設置しました。今はその役割を終えましたが、都市文化デザイン学科のもう一つの研究拠点として、通常の授業のほか、各種研究会・ワークショップ・講演会などを積極的に開催しました。

歴史文化学科では、古代から現代までの史料を読み解き、フィールドワークも積極的に取り入れる「日本史専攻」、歴史・文化・交流、そして欧米とアジアを複眼的に考察する「欧米・アジア史専攻」、思想・地理・芸能を歴史的に学び、普遍的な文化活動を理解する「思想・文化史専攻」が置かれており、社会（中学校）と地理歴史（高等学校）の教員の資格を取得することもできます。

国際政治経済学部　平成三（一九九一）年四月に開設された国際政治経済学部（国際政治経済学科）は、今日の多様に変化する社会のニーズに応え、国際的・学際的視野に立った政治・経済・法律の実践的知識の修得により、国際社会に貢献する人材の養成を目指しています。

現代の国際政治経済事象は、政治と経済が複雑多岐に絡み合って生起し、その実態を把握するためには多角的、総合的な視点から捉えなければなりません。そのためには政治・経済・法律・文化・社会などをトータルに把握する能力の養成が必須となります。国際政治経済学部は、これらのことを踏まえ、開設以来、国際政治経済学科の一学科で構成する入学定員二〇〇名の融合学部として教育を行ってきましたが、平成三〇年四月に国際政治経済学科の入学定員を四〇名削減し、定員八〇名の国際経営学科を開設しました。これにより、国際政治経済学部の入学定員は、国際政治経済学科の一六〇名と合わせて二四〇名となりました。

国際政治経済学科のカリキュラムは、専門教育において政治・経済・法律の各分野を充分に履修できる体制をとっており、二年次からの専門教育課程は、「国際政治専攻」「国際経済専攻」「法行政専攻」の三つに分かれています。さらに語学教育を強化して英語を中心としたコミュニケーション能力を会得できるように編成されています。また英語だけで授業を行う「英語特別プログラム」を設置しています。このプログラムは、ビジネス現場で通用する英語力、異文化コミュニケーション能力、海外で仕事をする際に不可欠な文化的、社会的教養も身につけることができるカリキュラムになっています。

「国際政治専攻」では、二十一世紀に入ってますます複雑化する国際政治を、「国際政治学」「国際関係論」をはじめとする理論研究、その国や地域の過去へと遡って現代を捉える歴史研究、そしてリアルタイムの現状分析という、三つのアプローチを可能にする多くの科目を揃えています。

「国際経済専攻」では、国際社会の中で企業経営に必要な実践的な経済学を学ぶとともに、使える語学力の修得を目指しています。特に経済のグローバル化、ICT化の急激な進展など、激しく変化する国際経済環境のもとでは、企業経営や個々人の経済生活も国際経済の動向を抜きにしては考えられなくなっており、海外とのインタラクションにおいても、国際経済あるいは国際情勢をどう捉えるかが重要となります。この専攻では、理論に裏打ちされたスケールの大きな視野、多角的な視点から学ぶことで新しい発想や想像力を生み出すとともに、ビジネスの世界で活躍するためのスキルなどを身につけることができます。

社会が大きく変化し複雑化する中で、行政の役割はますます増大しています。「法行政専攻」は、国家公務員・地方公務員など各種公務員志望の学生を主な対象とする専攻です。また、国際関係の法や政治の知識を身につけた国際公務員の輩出をも視野に入れており、法的な諸問題を柔軟に解決できる人材の養成を目指しています。

平成三〇（二〇一八）年四月には、さらにグローバル化が進み、国内にあっても常に海外を意識した行動が求められる時代の要請に応え、企業経営を巡る諸領域の応用実践的な専門知識を修得し、かつ実践的な講義形態を経て得られた能力をもとに、実社会で十分に活躍しうる人材の育成を図るため、国際経営学科が開設されました。国際経営学科では、これまで国際政治経済学部で培ってきた応用実践的な専門知識を基盤として、企業経営に関する理論や知識のみに偏ることなく、広く国際政治経済事象の学修や研究をも行うことで、広い視野から自らの置かれた状況を把握できるような人材の育成を目指しています。

国際経営学科は「国際経営専攻」を置き、そのカリキュラムは、企業などから講師を招き、実際の現場で生じる課題について、グループワークを通じて解決案を考えるＰＢＬ（課題解決型授業）や、最長一年間にわたるインターンシップなどの実践型教育で学生の成長力を引き出すことを狙いとしています。また、令和五年度からは、データサイエンス特別プログラムがスタートします。これらのカリキュラムを通じて、ＩＣＴや外国語を駆使する力、国際社会を生き抜く実践的な「創造的思考力」、社会の変化に対応して国際的な企業活動に生じる課題を見極め解決する力、自らのキャリアを主体的に切り開く力を身につけた、より豊かで生産性の高い国際社会の発展・構築に貢献できる人材を育成していきます。

大学院文学研究科　学部の研究をより高度に継続、発展させる機関として昭和四一（一九六六）年に「国文学」「中国学」の二つの専攻から成る、大学院文学研究科が置かれました。また、平成二九（二〇一七）年度には、「文学」の学位に加え、中国学専攻に「日本漢学」の学位（修士・博士）を取得できるプログラムが設けられました。現在、国文学専攻では国文学・日本語学・総合文化学、中国学専攻では中国学・日本漢学・総合文化学の三講座群で、文学・語学・思想・芸術・書誌学・メディア学など多彩なカリキュラムを展開。ヨーロッパや中国の大学院との交換留学制度があり、グローバル化にも対応しています。

大学院国際政治経済学研究科　大学院国際政治経済学研究科は、平成一三年に開設された国際政治経済学専攻の修士課程です。学際的で総合的な国際政治経済学の諸分野の実践的な教育研究を通して、主としてアジア太平洋地域の政治・経済・法・社会等の実情に通暁し、現代社会の各方面において活躍しうる高度な専門的職業人の養成を目的としています。現在では、「国際政治専修」「国際経済専修」「国際経営専修」を設け、体系的な理論と実践的な知識を得るためのカリキュラムを展開しています。

大学院国際日本学研究科　いま、私たちはインターネットの普及、そして各種ソーシャルメディアの普及を経て、人・モノ・資本・情報の「トランスナショナル」な移動が加速する時代を生きています。そのような状況を視野にいれながら、国際日本学研究科は令和四（二〇二二）年、東洋から日本を、そして日本から東洋を、おもに人文社会科学の視座から学際的に研究していくための大学院として開設されました。すでに初年度から一九名の入学者を受け入れており、「映画とジェンダー」「デジタルゲームの越境性」「ホラーにおける視覚レトリック」「日本語コミュニケーション」「観光ＤＸ」など、さまざまな研究テーマをもつ大学院生が切磋琢磨しながら学んでいます。

国際化への対応と社会貢献

国際交流　二松学舎創立当初からの理念を基に、平成七年、国際化に向けた対応の強化を図るべく「国際交流センター」を開設。海外の大学との交流協定締結による教職員・学生の交流や、学部・大学院への外国人留学生の受け入れなどを推進しています。

平成一一（一九九九）年、最初の海外協定校として北京大学との間に交流協定を締結以来、グローバル化の推進としてその拡充を図り、令和四（二〇二二）年四月一日現在、アジア、欧州、大洋州、北米の全三七大学と協定を結んでいます。

海外での研修は、夏期休業期間・春期休業期間の約三週間で実施する「短期海外語学研修」と、一年または半年間、海外協定校で学ぶ「交換留学プログラム」を実施しています。いずれも修得した単位は履修単位として認定されます。短期海外語学研修では、北京大学（中国）、ケンブリッジ大学（英国）、高麗大学校（韓国）など国際的に高い評価のある教育機関をはじめ世界各国の大学で、語学はもとより現地での異文化体験などを通してグローバルマインドを養います。令和二年度以降のコロナ禍における海外渡航制限下においても、オンラインによる交換留学プログラムや語学研修を実施し、常に最新の海外での学びの機会を提供しています。また、長期の交換留学プログラムを世界各国の協定校で実施しており、バッキンガム大学（英国）、サザンクロス大学（オーストラリア）、フレーザーバレー大学（カナダ）、北京大学（中国）・浙江工商大学（中国）、中国文化大学（台湾）・銘伝大学（台湾）、成均館大学校（韓国）のほか、イタリア、フランス、ハンガリーなどに留学が可能となっています。

また、平成二九年三月以降は、主に中国の大学を対象に、日本語科目や大学の正規科目を受講する「日本語・日本学特別プログラム」および「国際日本学特別プログラム」を開始しました。

国際交流センターでは、在学生の語学の学びおよび留学のサポートとして、留学カウンセラーによる目的に応じた留学先やプログラムなどの個別相談や、英語圏への派遣留学を希望する学生を対象としたＩＥＬＴＳ試験への対策講座をはじめとする、各種外国語試験対策課外講座や外国語課外講座も実施しています。

さらに、海外からの留学生の支援として、授業料の減免措置や奨学金支給制度に加えて、日本語研修プログラムの開設や、指導教員制、国際交流サポーターなどを導入し、教育上と生活上の支援を図っています。留学生交流会、留学生バディ制度など外国人留学生と日本人学生の交流の場も多く設け、留学生のサポートを行っています。また、厚生労働省ハローワークとの共催にて外国人留学生就職セミナーを実施し、外国人留学生の日本国内への就職を支援しています。

生涯教育と社会貢献　二松学舎大学では、研究成果の社会への還元の一環として、公開講座・各種シンポジウム・公開講演会を開催し、人的資源と教育研究の成果を広く社会に提供しています。

二松学舎が、漢学塾時代から今日まで力を注いできた事業のひとつに公開講座があります。大正期末までの講習会は、「夏期講習会」「冬期講習会」「日曜講義」の三部からなるもので、「夏期講習会」は、明治三四（一九〇一）年八月に第一回を開催しました。当時の講習会は、文部省師範中学高等女学校教員検定試験のための養成講座でした。「冬期講習会」は、夏期講習会の延長として、明治四〇年一二月に開講され、それに続く「日曜講義」は、明治四五年四月から日曜日ごとに開講されました。どの講座も漢文一科目の講習会でしたが、二松学舎専門学校が設立されると、「夏期国語漢文講習会」と名前を変え、詩歌吟詠の講座や課外講演も加わり、徐々に受講者も増えていきました。

戦争のため一時中断していた公開講座は、昭和三三（一九五八）年に再開されました。主に教育職員免許法による上級免許取得希望者を対象に行われましたが、同三五年からの夏期講座は、漢文・書道の二コースで、広く一般を対象とし、希望者には中学校、高等学校教員の上級免許取得に要する単位を認定しました。同四七年には講座の再編成が行われ、国文学・中国文学・書道の三コースとなりました。

平成五（一九九三）年になると、「夏期公開講座」（文学講座・書道講座）に加え、地域住民、一般社会人を対象とした「木曜コミュニティセミナー」（九段キャンパス開催、文学講座・中国文学講座）と、「土曜コミュニティセミナー」（柏キャンパス開催、国際政治経済講座）を開催するようになりました。

平成一六年の九段1号館竣工に伴い、それまでの講座を統合発展させ、夏休み期間に開催する「大学公開講座」（教養講座・書道講座）に模様替えしました。さらに、平成二四年からは、「柏キャンパス生涯学習講座」が、同二五年からは九段キャンパスで、見学ツアーを組み合わせた新しい「九段キャンパス公開講座」が始まりました。

また、平成一七年秋から同二二年まで、大学公開講座とは別に、平日夜間と土曜日開講の「二松塾」を実施しました。

新型コロナウイルスの影響により、令和二、三年の「九段キャンパス公開講座」と令和三年の「柏キャンパス生涯学習講座」は、オンデマンド配信による開催となりましたが、令和四年には、対面式での「柏キャンパス生涯学習講座」が再開となりました。

また、公開講座と同じく教育研究成果の社会への還元として、シンポジウム・公開講演会も毎年多数開催しています。文学部や国際政治経済学部、東アジア学術総合研究所主催の講演会、シンポジウムをはじめ、創立一三〇年を記念して始まった「シンポジウム論語」を前身とする「論語の学校―RONGO ACADEMIA―」、平成二八（二〇一六）年に連携協力に関する協定を締結した、創立者・三島中洲生誕の地、岡山県倉敷市での講演会など、その内容は多彩です。

さらに柏キャンパスで柏市の小学校・中学校・高等学校などの教職員を対象とする国語教育に関する知識・理解を深めるための研修講座の開講など、教員養成を使命とする二松学舎ならではの取り組みが行われています。

平成二八年四月には、地域連携と地域貢献活動の推進・強化を目的として、柏キャンパスに二松学舎大学地域連携室が開設され（令和四年四月より九段キャンパスに移設）、地方自治体・地域団体などとの連絡調整や協定の締結、地域連携および地域貢献活動に係る情報収集・支援をはじめ、柏キャンパスにおける生涯学習講座の開講や、主に柏市・我孫子市などの小学生とその保護者を対象とした「夏休みこども研究会」など、地域文化振興の一助として、さまざまな催しを企画・実施し、地域活性化の支援を行っています。

平成三〇年四月には、千代田区内近接大学の高等教育連携強化コンソーシアム（千代田区キャンパスコンソ）に関する協定を締結しました。加盟大学は、大妻女子大学・同大学短期大学部、共立女子大学・共立女子短期大学、東京家政学院大学、二松学舎大学、法政大学の五大学二短期大学で、これら構成大学、千代田区および地域産業界等が、近接する立地等を生かした連携を図ることで、学生の学びや社会の要請など多様なニーズに対応することを目的としています。構成大学間の単位互換や共同公開講座、教職員合同研修等の大学間連携、千代田区との連携、地域産業界等との連携を行い、活発な交流や地域貢献等が行われています。

また、同年九月には、本学における企業との共同研究・受託研究、知的財産・技術の実用化・事業化、産業界と連携した社会実装の推進に向けた取り組み等の支援を目的として、柏キャンパスに二松学舎大学産学連携室が開設されました（令和四年四月より九段キャンパスに移設）。産学連携室では、産学連携活動の推進・強化に関することや企業・地方自治体などとの連絡調整や協定の締結、産学連携に係る情報収集・支援をはじめ、外部研究資金の獲得などに取り組んでいます。

研究所と図書館

東アジア学術総合研究所　二松学舎大学東アジア学術総合研究所は、平成一六（二〇〇四）年にそれまでの東洋学研究所、陽明学研究所、国際漢字文献資料センターを改組統合し、日本および東アジア諸国・地域等における文化・歴史・思想・宗教・芸術・政治・経済・法律を研究し、わが国学術の発展に寄与することを目的として設立されました。

前身の東洋学研究所は、二松学舎建学の理念に基づき、昭和四四（一九六九）年に、日本および東洋諸国の学術・文化・歴史の研究を目的に設立されました。

また、陽明学研究所は、昭和五二年の二松学舎創立一〇〇周年を機に、創立者三島中洲の学統を継承し、陽明学に関する総合研究を行うことを目的に、翌五三年に設立されました。以来、我が国高等教育唯一の陽明学研究機関として斯界《しかい》に貢献してきました。

さらに国際漢字文献資料センターは、平成一四年に、国内外の漢字文献資料の調査、収集、整理、および情報提供を行うことを目的に、東洋学研究所の附置センターとして設置されました。

これら三つの研究機関が統合され、東アジア学術総合研究所が誕生しました。

平成二〇年、研究所の陽明学研究を特化させるため陽明学研究室を設置。平成三〇年には陽明学研究センターに改組・改称し、東アジア地域を中心として展開する陽明学、およびそれに関わる思想・文化の研究を推進しています。

二松学舎大学は、平成一六年に「日本漢文学研究の世界的拠点の構築」が革新的学術分野で文部科学省の21世紀COE（先端的研究拠点）プログラムに採択され、五年間に亘って、日本漢文文献資料情報のデータベース化構築や日本漢文学研究者の育成に加え、漢文教育の研究と振興を目的とした学内研究者の海外への派遣、海外の研究者を招請した共同研究やシンポジウムの開催など、国際的な交流も精力的に推進しました。

さらに平成二七年には、研究プロジェクト「近代日本の『知』の形成と漢学」が文部科学省「私立大学戦略的研究基盤形成支援事業」に採択され、五年間に亘り、日本の近代化が進む一九世紀から二〇世紀前半、「漢文」による研究と教育を通して、近代日本がどのような「知」を形成し、人間形成・社会秩序形成をしたかを実証的に研究し、その成果を『講座近代日本と漢学』（全八巻）に纏めて刊行しました。

21世紀COEプログラムおよび文部科学省私立大学戦略的研究基盤形成支援事業で推進してきた事業は、平成二四年に設置された日本漢文教育研究推進室、平成三〇年、同室を改組・改称した日本漢学研究センターが中心となって継承し、「日本漢文文献目録データベース」・「日本漢学画像データベース」の運営、「近代日本漢学資料叢書」・「近代日本漢籍影印叢書」・「日本漢学研究叢刊」の刊行、漢学者記念館会議や各種シンポジウムの開催などを通じて、現在もその継続、発展に努めています。

東アジア学術総合研究所では、令和四（二〇二二）年一〇月で創立一四五周年を迎える二松学舎の周年記念事業の幕開けとして、令和三年一一月に、文学部・国際政治経済学部と合同で、第三代舎長渋沢栄一をテーマに掲げたシンポジウム「『論語と算盤』の真実　日本近代史の中の渋沢栄一」を開催し、翌四年三月に、その成果を書籍として刊行しました。

また、令和四年九月には、陽明学研究センターが「近代日本の学術と陽明学」のテーマのもと、シンポジウムを開催し、二松学舎におけるこれまでの陽明学研究を回顧しつつ、「陽明学関係資料データベース」の構築など、創設五〇周年に向けた新たな取り組みを公表しました。

附属図書館　昭和二〇（一九四五）年三月、九段の校舎が戦災で焼失。ただひとつ焼け残ったのは、コンクリート建築の書庫だけでした。ここには漢学塾時代から収集してきた漢籍一万冊が所蔵されていました。

現在その規模は拡大し、学部・大学院の専攻に関連する専門書を中心に九段・柏両館で三六万冊の図書をはじめ、多くの視聴覚資料、電子書籍、電子ジャーナル、データベースを蔵する図書館となっており、電子書籍・電子ジャーナルは、学生・教職員は、学内外のパソコンやスマートフォンからも利用できます。

また、国文学や中国学の古典籍も多く、学界の貴重書も少なくありません。創立者三島中洲の原稿や書簡等も多数残されており、中でも法律関係資料は、明治法制史上貴重なものといわれています。

特別文庫には、那智佐伝元学長の旧蔵書で個人漢詩文集を多く集めた「惇斎《じゅんさい》文庫」、加藤常賢元学長の旧蔵書で、主に中国古代社会及び甲骨金文関係書籍などを収集した「維軒《いけん》文庫」、江戸時代の写本版本収集家三村清三郎旧蔵本を集めた「竹清馬越《ちくせいまごし》文庫」、明治文学・近代詩関係図書をまとめた「関良一《せきりょういち》文庫」などがあります。また、室町時代後期から江戸時代初期にかけて作られた、手書き極彩色の奈良絵本コレクションや、卒業生で「アカシアの雨がやむとき」（西田佐知子）、「くちなしの花」（渡哲也）などヒット歌謡曲の作詞家として、また附属柏中学校・高等学校校歌の作詞者として著名な、水木かおる氏の旧蔵資料「水木かおる記念文庫」、江戸川乱歩と並ぶ日本のミステリー作家・横溝正史の自筆原稿や蔵書を中心としたコレクション「横溝正史旧蔵資料」など多くの貴重な資料が所蔵されています。
地域住民への図書館開放や千葉県東葛地区大学図書館コンソーシアムでの活動、柏市立図書館と柏市内の大学図書館と連携など、地域社会への貢献と学習の場の提供も行っています。平成二九（二〇一七）年五月には、共立女子大学・共立女子短期大学との相互協力の協定を締結し、学生の相互利用を開始しました。

大学資料展示室　九段1号館地下三階の大学資料展示室では、常設展示や企画展を実施して、二松学舎が所蔵する貴重な資料を紹介。千代田区ミュージアム連絡会に加盟し、学外の方にも広報しています。
令和四（二〇二二）年七月から、二松学舎創立一四五周年の記念事業として、一年を通じた特別展で二松学舎のコレクションを公開しています。一〇月には、企画展「創立一四五周年記念　三島中洲と近代　其八」を実施。これに合わせて記念講演会（オンデマンド配信）も開催しました。

ラーニング・コモンズ　平成二七年四月、九段2号館一・二階に、学生の自主的学修を促す次世代型教育施設、「ラーニング・コモンズ」が誕生しました。一階には、ＩＣＴ機器を利用した情報検索エリア、学生同士で活発に議論ができるグループワークエリアが整備されています。また、二階には、情報検索エリア、グループワークエリアに加え、三台のプロジェクターを完備した「プレゼンテーションルーム」が設置されています。プレゼンテーションルームには、電子黒板や講義記録システム、クリッカーシステム（理解度把握システム）が整っており、最新鋭の設備を使いながら、学びを深めることができます。

三つの附属校

千代田区九段の「附属高等学校」、千葉県柏市の「附属柏高等学校」と「附属柏中学校」の三つの附属校があります。各附属校とも、創立者三島中洲の精神に基づいた実学を旨とした教育を行い、時世を担う有為な人材を養成するという建学の精神は同じです。その志は各附属校に脈々と継承され、現在も息づいています。

二松学舎大学附属高等学校　二松学舎大学附属高等学校は、昭和二三（一九四八）年、戦後の復興に全力を挙げていた二松学舎専門学校が、新制大学へ移行するよりも一年早く開校したもので、全日制普通科の男女共学、募集定員は二五〇名となっています。

その教育方針は、創立者三島中洲の建学の精神に則ったものであり、「温故知新」、「知行合一」を教育の基調に、校訓として「仁愛・正義・弘毅・誠実」を掲げています。また、「心を育て、学力を伸ばす」指導をコンセプトに、次のような教育目標を掲げています。
一、学力伸長を目指し、学習において基礎・基本を重視する
二、自律的な人間としての人格の完成を目指す
附属高等学校では、これらの目標の下、三年間を通じて学ぶ『論語』を通して、自分を主張しながらも同時に、共に生きる他者を思いやることができる「リーダーシップ」と「協調性」の二つをバランス良く身につけた、豊かな人間力を育んでいます。さらに、グローバル化が加速する現代において重要な「国際人としての英語力」の習得を目指し、一年次からネイティブスピーカーの教員による授業に加え、平成二八年度にはニュージーランド・ウェリントンでの海外語学研修を開始し、現在はオーストラリア・ブリスベンにおいて、三カ月のターム留学と二週間のスタディツアーを実施するなど国際人としての語学力の習得に力を入れています。

千代田区九段にある校舎の周囲には、国立劇場、日本武道館をはじめとして大小各種の文

化施設が数多く所在している他、英国大使館、インド大使館、イタリア文化会館等の諸外国の施設などもあって、独特の雰囲気を醸し出しています。向かいにある大学九段1号館の中洲記念講堂は附属高校の行事などにも利用されています。また、平成二五（二〇一三）年からは、土曜日に、各学年が年間五回ほど柏キャンパスの全天候型人工芝グラウンドを利用して行う体育の授業も始まりました。

附属高等学校では、学校設定科目として『論語』の授業を行っています。東洋道徳の基盤であり、今日、世界的な規模で見直されている『論語』を取り入れることによって、いわゆる「心の教育」を実践していることは、二松学舎大学の附属校ならではのユニークな教育的特色となっています。

『論語』自体は決して特殊なものではなく、むしろ漢文の教材としては、非常にポピュラーなものですが、附属高校では、『論語』を単なる国語の教材として学ぶだけではなく、人間教育の面から学ぶところに特色があります。感受性豊かな高校時代を通して『論語』を学ぶことにより、現代社会においても欠かすことのできない普遍的な人間的価値観を養うことができるのです。

授業については、具体的な進路希望の実現に向けて、生徒それぞれのニーズに合わせたカリキュラムを設定しています。中でも、二松学舎大学の附属校であることの利点を活かし、「高大連携教育」を取り入れているのが特色です。これは、二年生からの「二松学舎学びのコース」（大学と連携した学問によるキャリア形成プログラム）と三年生での大学授業の自由選択（選択科目の中に大学生と一緒に受講できる科目を設置したもの）で、大学の教員の講義を受講することで、普段とは一味違った新鮮な雰囲気が体験できます。また、建学の精神を一にする大学との教育空間を共有することで、漢学塾から流れる学園の校風を実感することができます。さらに、卒業後に二松学舎大学へ進学した場合は、その単位がそのまま二松学舎大学の単位として認められる制度も設けています。

高校生の時から広い視野で物事を見ることができるように、日本や世界の情勢を知ること、世界の公用語である英語教育に力を注ぐことはもちろん、急成長を続ける中国や、文化・スポーツを始め、日本との交流が盛んになっている韓国にも目を向け、中国語と韓国語を選択科目に取り入れています。

部活動は、文化部・運動部を合わせて三四部を数え、それぞれが活発に活動しています。とりわけ活躍が目立つのは野球部とダンス部です。昭和三三（一九五八）年に発足した野球部は、昭和五五年の初出場以来、令和四（二〇二二）年まで一一度（春六度・夏五度）にわたって甲子園に校歌を響かせました。OBとして、広島東洋カープで活躍し、平成二九（二〇一七）年のワールドベースボールクラシック（WBC）、そして令和三年の東京オリンピック日本代表にも選ばれ、現在アメリカ大リーグ（シカゴ・カブス）で活躍する鈴木誠也選手や読売巨人軍の大江竜聖選手、秋広優人選手、千葉ロッテマリーンズの秋山正雲選手、また、元千葉ロッテマリーンズの初芝清さん、元横浜DeNAベイスターズの小杉陽太さんら多くのプロ野球選手を輩出するなど、今や野球の強豪校、名門校として全国的に認識されています。

　高校野球の季節が来るたびに、全国の卒業生が母校を思い出し、一丸となって、白球を追う球児たちに声援を送ります。野球部の活躍は、高校、大学を問わず、「二松学舎」の卒業生であることの誇りを与え続けています。

　また、ダンス部も「日本高校ダンス選手権バトルト

数々の大会で好成績を残している附属高校ダンス部

ーナメント」において大会八連覇を果たし、「全日本高等学校チームダンス選手権」への連続出場等、近年目覚ましい活躍を見せています。

進路については、在学生のほぼ全員が進学を希望しており、進路説明会には二松学舎大学の教授も参加し、様々な視点からアドバイスを受けることができます。また、多様な補習授業の実施や、タブレットを生徒全員に持たせ、スタディサプリ（リクルートによる学習補助）を活用するなど、受験に向けての万全なサポート体制を取っています。

附属高等学校では、二松学舎大学への優先入学制度を設けており、希望する生徒は在学中の成績等によって、優先的に入学できます。「将来、国語や書道の先生になりたい」、「中国語を学びたい」、「国際社会を知りたい」などの理由で全国から集まる二松学舎大学志望の他校生に比べ、経済的、精神的にゆとりを持って入学できることは、附属高等学校の生徒に与えられた特権といえます。

令和五（二〇二三）年に創立七五周年を迎える二松学舎大学附属高等学校は、伝統を大切にしながらも「新生面」を創出するべく、授業、進路指導等、各種の学校改革に取り組んでいます。

二松学舎大学附属柏高等学校　二松学舎大学附属柏（旧沼南）高等学校は、眼下に手賀沼を見下ろし、はるかに筑波山を望む高台にあり、豊かな緑に囲まれています。柏駅からスクールバスでわずか一五分の距離にありながら、静かな環境と広い校地を活かした複数の運動場を併せ持っており、学校前の桜並木は、近隣における桜の名所にもなっています。平成二三（二〇一一）年の校舎のリニューアルをはじめとして、施設・設備の整備にも力を入れており、その教育環境は、大変充実しています。平成二三年二月には、アリーナ・武道場・ステージ等を備えた新体育館が完成し、柏キャンパスの入口に面し、新たなランドマークとなっています。

柏中学・高校に立つ、吉田茂の筆による「双松凌秋」碑

二松学舎創立九〇周年記念事業の一環として、千葉県沼南町（現柏市）に大学運動場を建設した際、隣接の市町村有志による高等学校開設の要請を受けて、昭和四四（一九六九）年に、二松学舎大学附属沼南（現柏）高等学校を開校しました。その経緯については、吉田茂元舎長の筆による文字を刻した、校内の「双松凌秋《そうしょうりょうしゅう》」

碑に詳しく記されています。

全日制普通科の男女共学で、入学定員は二四九名（平成二五年から、千葉県東葛地区の人口増加に伴う臨時定員増により、二八〇名）。校訓は「仁愛・正義・誠実」とし、教育目標を次のとおり掲げています。

一、自律をはかり、主体性を身につける。
二、思いやりのある人間性を身につける。
三、社会への関心を高め、豊かな国際性を身につける。

現在は、志望別に「スーパー特進コース」（さらなるハイレベルな学びを求めて、最難関大学を目指す）、「特進コース」（より高い進路目標をたて、難関私立大学を目指す）、「進学コース」（自分らしく生きるために、将来の夢につながる大学進学を目指す）の三つのコースを設置。また、自ら積極的に努力する機会として、期間を集中した特別講習（春期・夏期）、勉強合宿（サマーセミナー）、共通テスト直前講習、一人ひとりに働きかける学習システムとして、年間を通じた授業・放課後学習センター等を実施、三年後の進路実現を目指し学力を向上させ、生涯にわたって有用な、「問題解決力」と「考える力」を身につけさせます。また、附属柏高等学校では、二松学舎大学への優先入学制度を設けており、希望する生徒は在学中の成績等によって、優先的に入学できます。「将来、国語や書道の先生になりたい」、「中国語を学びたい」、「国際社会を知りたい」などの理由で全国から集まる二松学舎大学志望の他校生に比べ、経済的、精神的にゆとりを持って入学できることは、二松学舎大学の附属校の生徒に与えられた特権といえます。

二松学舎大学の附属校として、東洋道徳の基盤であり、今日、世界的な規模で見直されている『論語』の授業を特設科目として行っていることが、附属柏高等学校の最大の特色です。知育・徳育・体育の中で、特に道徳の必要性が叫ばれている昨今、いわゆる「こころの教育」として、『論語』を取り入れ、附属柏高等学校オリジナルテキストで学ぶ『論語』を通じて、隣人を慈しむ心、他人の喜びを自分の喜びとして捉える心を大切に育み、困難にも前向きに取り組める強い心を育てています。さらに、台湾修学旅行、オーストラリア語学研修、セブ島語学研修など多彩な海外研修を通じて実践してきたグローバル教育は、生徒の視野を広げ、他者を理解する心を育てています。

クラブ活動も活発に行われています。ハンドボール部、バレーボール部、吹奏楽部等、数多くのクラブが、関東大会や全国大会への出場にむけて活動を続けています。

地域に根ざした活動も活発で、平成二八（二〇一六）年四月から、隔週土曜日の午後、近隣の小学生を対象とした、外国人講師による英会話教室を行っています。また、福祉活動にも積極的に取り組んでおり、千葉県および柏市から介護・福祉教育指定校事業の指定を受け、さまざまなボランティア活動を企画・実行することで、その教育理念を具現化しています。

また、平成一〇（一九九八）年に卒業した村田沙耶香さんが、平成二八年に『コンビニ人間』で第一五五回芥川賞を受賞したことは、同窓生、後輩をはじめ、二松学舎にとっても誇りであり、励みとなっています。

二松学舎大学附属柏中学校　附属柏中学校は、二松学舎の建学の理念のもとに、附属柏高等学校との一貫教育を行い、有用な人材の養成を図るため、平成二三年に開校しました。定員は、一学級三四名の三学級一〇二名。男女共学で、「自問自答」をキーワードに、中学校でも『論語』を生かした人間教育を行っています。附属柏高等学校と同様、最大の特色は、特設科目として『論語』の授業を行っていることです。附属柏中学校では『論語』を単なる国語の教材として学ぶだけではなく、人間教育の面から学ぶところに特色があります。感受性豊かな中学時代を通して『論語』を学ぶことにより、現代社会においても欠かすことのできない普遍的な人間的価値観を養うことができるのです。

開校時からの「特進コース」「選抜コース」に加え、平成二七年には、異文化を理解し、多様な価値観を認めることができる真の国際人の育成をめざした「グローバルコース」を設置。英語はコミュニケーションツールであると位置づけ、「PRESENTATION PROGRAM」「SPECIAL EXPERIENCE PROGRAM」「POWER UP ENGLISH PROGRAM」「STUDY ABROAD PROGRAM」の四本の柱で、英語の授業以外にも積極的に英語を取り入れた活動を展開。多彩な海外研修や、コミュニケーション力を磨くワークショップなどを通じて、さまざまな角度から国際感覚を磨き育ててきました。

令和四（二〇二二）年には、さらなる「探究」を求める二つのコース、「グローバル探究コース」（最難関大学に合格する力を養い、真のグローバルリーダーを育てる）、「総合探究コース」（六年間で難関大学受験に対応、しっかりとした総合学力を身につける）に生まれ変わりました。そして探究教育を支える「三つのプログラム」（学習支援プログラム・自問自答プログラム・進路支援プログラム）によって、一人ひとりの知的探究心をより深めていきます。新時代の探究をより前進させ、また探究教育を率先して牽引していくために、統合的・総合的に運用します。授業はもちろん、様々な継続した学び・チャレンジを促します。

附属柏高等学校と同様に週六日制の授業を実施し、毎朝二五分間のモーニングレッスンを加えて三年間の総授業時数は、学校教育法施行規則で定める標準配当時数三〇四五時間を大きく上回る三七八〇時間とし、生徒一人ひとりが十分に理解、真の学力が身につく授業を展開しています。中高一貫のメリットを生かした学力の向上により、難関大学への合格を目指しています。平成二八（二〇一六）年には、中学校第一期卒業生が東京大学をはじめ、難関国公私立大学に進学。その成果が明らかになりました。

一方、手賀沼近くの柏キャンパスという立地条件を生かした「沼の教室」「田んぼの教室」、九段キャンパスを基点とした「都市の教室」、スキー研修の「雪の教室」、京都・奈良研修の「古都の教室」、シンガポール・マレーシア海外研修の「世界の教室」といった校外学習、アクティブラーニングを通して、体験し、自ら問題を見出し、自ら答える「自問自答」力を育てます。

また、中高一貫した日々ノーチャイムの学校生活は、具体的に生徒の自立と主体性を育む場となっています。

長期ビジョンと全学アクションプラン

（1）長期ビジョン「N' 2020 Plan」

二松学舎は、平成二四年一〇月に創立一三五周年を迎え、これを機に、学校法人二松学舎（理事長水戸英則）では、一〇年後の二松学舎のあるべき姿を目指した長期ビジョン「N'2020 Plan」を発表しました。

これは、少子高齢化の加速や、グローバル化、高度情報化の進展に伴う知識基盤社会化など社会の変化を見据え、二松学舎の教育面、経営面に所要の改革を講じ、重大な責務である、「永続的に教育機関としての使命を果たしていくこと」を目的として、その育成する人材像とこれを実現する教育を明確化。二松学舎大学、附属高等学校、附属柏中学校・高等学校の各ブランドを引き上げ、社会からさらに評価される学校とするために、「Student First! ―全ては学生・生徒のために―」を基本的な考え方として、二松学舎の全構成員共通の指針として定めたものです。

内容は、①基本フレームワークと「二松学舎憲章」、②二〇二〇年における教育の方向性と充実策、③包括的学生・生徒支援策、④キャンパス整備、⑤財政・人事・評価制度・組織・広報体制の五つの柱で構成されました。

すなわち、①では、建学の精神「己ヲ修メ人ヲ治メ一世ニ有用ナル人物ヲ養成ス」「仁義道徳ヲ以テ基本ト為サザルベカラズ」を確認し、その現代的解釈「日本に根ざした道徳心を基に、国際化・高度情報化など、いわゆる知識基盤社会が進む中で、豊富な知識を有し自分で考え、判断し、行動する、真の国際人を養成する」から、大学院では「高度な専門的研究力を身につけた教育・研究者を養成する」「広い視野と実践的対応力を身につけた国際的職業人を養成する」、大学では「二松学舎大学といえば『国語力』という評価が定着し、社会に貢献できる自律した人材を輩出する」、高等学校、中学校では「『論語』による人格形成を促し、将来を切り拓く『学力』を身につけた人材を養成する」と、それぞれのビジョンを定め、このビジョン実現に向けた教職員の行動規範として「二松学舎憲章」を掲げました。

②では、全ての教育の基礎を建学の精神に置き、大学では「国語力」を強化し、中学校、高等学校では『論語』に基づく道徳教育を行い、愛校心を育て、学生・生徒のニーズ、国際化、就業力強化、地域連携に対応する教育を行うことを盛り込みました。

③では、学生・生徒の立場に立った総合的な支援策の実施計画を盛り込みました。

④では、大学、附属高等学校の九段地域における施設設備の拡充と、柏キャンパスの活用方法についての構想を示しました。

そして、⑤では大学、附属高等学校、附属柏中学・高等学校の各ビジョン実現のための財政、人事、評価制度、組織、広報体制の在り方について提起しました。

(2)「全学アクションプラン」とPDCAサイクル

「N' 2020 Plan」は、本学の全関係者の指針として位置づけられ、これの実行計画として、五カ年計画「アクションプラン」を定めて、課題ごとに進捗管理を行いつつ、その課題実現に努め、その都度、その成果を学内外に公表していくことになりました。アクションプランは、長期ビジョン実現に向けた全学的課題と行動計画を一覧化した「全学アクションプラン」、各事務担当部署の諸課題を向こう五年間の行動計画にまとめた「部課別アクションプラン」の二層で構成されています。「全学アクションプラン」は、①建学の精神と二松学舎憲章、②大学・高校・中学共通の教育改革、③二松学舎大学・大学院の教育改革、④附属高校の教育改革、⑤附属柏中学校・高校の教育改革、⑥財務・人材育成・人事・組織・広報等未進捗課題のフォローアップの六本の柱からなり、これらの実現に向け、各部署において、「部課別アクションプラン」を立案（P）、当年度計画を推進（D）、前年度計画の結果を踏まえ（C）次年度計画を作成、実行しています（A）。

（3）「N' 2020 Plan」の成果

キャンパス整備　平成二五（二〇一三）年度から平成二八年度におけるアクションプランの成果として、大学においては、創立一三五周年を記念して竣工した九段3号館に続き、靖国通り沿いに、次世代型自主学習スペース「ラーニング・スクエア」や開放感あふれる「SAKURAテラス」などを備えた新校舎・九段4号館の竣工があげられます。さらに、既存校舎の改修として、九段1号館では、教務課、学生支援課や、学生一人ひとりが希望する進路の実現をサポートするキャリアセンター、教職に関するすべての内容をサポートする教職支援センターを三階のワンフロアに集約した、学生サービスのワンストップ化をはじめ、学生相談室の一一階への移設・拡充、国際政治経済学部の専任教員個人研究室を九段3号館から移設、七階に集約しました。九段2号館では、アクティブ・ラーニング実施のための学習環境向上を目的とした、次世代型自主学習スペース、「ラーニング・コモンズ」を開設するなど、施設面を大きく改善しました。

奨学金制度　奨学金制度では、大学学部受験生を対象とした「奨学生選抜付入試制度」（最大で在籍四年間の授業料が免除）や、大学のみならず、両附属高校、中学校全てにいきわたる大型の給付型奨学金制度である「二松学舎サービス株式会社奨学金制度」を導入するなど、抜本的な拡充を図りました。

大学の教育改革（質的改善・新学科設置・学生募集対策・他大学連携など）　教育内容の質的改善としては、カリキュラムのナンバリング化やシラバス記載内容の見直し、在学中の成績・資格取得状況など、全ての履歴をデータベース化し、可視化するため、総合ポータルシステム「ライブキャンパス」を利用した新たな学生指導、両学部における初年次からのキャリア教育、文学部における英語をはじめとする外国語教育の充実、国際政治経済学部での英語特別プログラムの実施などの取り組みを行いました。

また、高等教育政策運営と学内資源の効率的配分等を目指して設置したＩＲ推進室では、在学生の目から見た、二松学舎大学の教育や学生生活全般の問題点など、さまざまな情報を収集し、教育の改善、学生生活のさらなる充実に役立てるため、「学生満足度調査」などを実施、現在も定期的に調査を行っています。

さらに学部学科の改編として、平成二九年四月には、文学部で六八年ぶりの新学科「都市文化デザイン学科」を開設。平成三〇年四月には国際政治経済学部に二六年ぶりの新学科

「国際経営学科」を開設し、従来の二学部三学科体制から、二学部五学科体制へと移行しました。また、文学部国文学科の入学定員を四〇名引き上げ、二六〇名から三〇〇名とするなどの措置も実施。これにより、国際政治経済学部の新学科も含め、平成三〇（二〇一八）年度からの二松学舎大学の収容定員は、両学部を合わせ、二四〇〇名から二七二〇名へ、三二〇名の増員となりました。

入試対策としては、少子化に伴う志願者数減少を受け、新たに「学生募集広報戦略検討会議」を設置、入試戦略の抜本的な見直しを行いました。その結果、平成二九年度入試は志願者数が大幅に上昇し、回復に転じました。

また、大学間連携では、平成二八年度、大阪大学と協定を結び、「漱石アンドロイドプロジェクト」を立ち上げました。創立一四〇周年記念事業の一環としてスタートしたこのプロジェクトは、大阪大学大学院基礎工学研究科・石黒浩教授、漱石の孫にあたる、夏目房之介学習院大学大学院教授（当時）の協力を得て、二松学舎大学の前身である「漢学塾二松学舎」で学んだ文豪・夏目漱石のアンドロイドを製作。新しい文学研究領域の開拓だけでなく、メディア論やマーケティングの分野、さらには人間社会におけるアンドロイドやＡＩなどの受容性に関する調査など、多角的に研究を進めています。

さらに、社会貢献活動の拠点として、平成二八年度には柏キャンパスに地域連携室（現九段キャンパス地域・産学連携室）を設置。柏市や千代田区など、大学近隣の自治体との連携協定締結や生涯学習講座の開催など、地域社会への貢献活動を開始しました。

附属高等学校　附属高等学校では、担任と生徒との二者面談週間を設けるなど、個別指導に力を入れ、さらに、クラス編成の見直しや、独自の奨学金制度の充実を図るなどした結果、中堅私立大学への合格者が増加しました。グローバル教育では、ニュージーランドでの海外語学研修や生徒に対する英語検定試験受験の奨励などにより、実用英語技能検定二級・準二級の合格者が増加しています。これに加え、附属柏中学校・高等学校と合同での台湾中国語語学研修も実施しています。また、柏グラウンドを全天候型に整備し、柏キャンパスでの体育集中授業も開始しました。さらに、附属高等学校野球部の合宿所を五四年ぶりに全面改修、宿泊所を新設するなど、甲子園出場常連校化に向けた施設・設備整備も行いました。

附属柏中学校・高等学校　附属柏中学校・高等学校では、スタディサポートシステムを活用して個別指導を強化、生徒の学習習慣の改善と学力の底上げを図りました。これに加えて、独自の奨学金制度も充実。その結果、東京大学への現役合格者二名、その他の国公立大学に一一名の合格者を出した他、難関私立大学への合格者数が大幅に増加し、千葉県内の進学校の仲間入りを果たすなど、大きな実績を上げました。また、台湾中国語語学研修（附属高等学校との合同研修）やオーストラリアでの海外語学研修を実施。さらに、平成二七（二〇一五）年には中学校にグローバルコースを設置。次世代型スキルの育成に対応するため、全員にタブレットＰＣを配付して授業を行っています。

（4）創立一四〇周年と新長期ビジョン「N' 2030 Plan」

いままでも、これからも、日本の未来を担う人材、日本の社会をより良くするために貢献する人材を育成し続ける二松学舎。その創立一四〇周年の統一テーマは、「いままでの一四〇年。これからの一四〇年。」でした。周年を一年後に控えた平成二八年度から、「漱石アンドロイドプロジェクト」や各学部のシンポジウム、大学資料展示室における企画展の開催など、さまざまな記念事業を実施しました。

創立一四〇周年記念式典　平成二九年一〇月一〇日、二松学舎大学九段1号館中洲記念講

堂で、二松学舎創立一四〇周年記念式典が挙行されました。

当日は、明治一〇年からの本学の歴史と教育を紹介する「二松学舎一四〇年の軌跡」が迫力あるオープニング映像として大スクリーンで上映され、ＣＧで再現した漢学塾二松学舎本塾も披露されました。

記念映像に続いて、水戸英則理事長より、二松学舎の「これからの一四〇年」を形作る新たな指針、「N' 2030 Plan」が公表されました。

林芳正文部科学大臣（当時）、大沼淳日本私立大学協会会長（当時）の祝辞に続き、さまざまな分野で活躍する二松学舎大学、附属高等学校、附属柏（旧沼南）高等学校の卒業生八人が表彰されました。学術文化の分野において、顕著な功績があった卒業生として、大蔵吉次郎氏（文学部国文学科、大蔵流狂言方能楽師）、安岡定子氏（文学部中国文学科、論語塾講師）、村田沙耶香氏（附属沼南高等学校、小説家）に学術文化功労賞、学術文化の分野の振興に顕著な業績があり、今後の活躍が期待される卒業生として、竹吉優輔氏（文学部国文学科、小説家）、マシコタツロウ氏（国際政治経済学部国際政治経済学科、作曲家・作詞家・シンガーソングライター）、狩俣公介氏（附属沼南高等学校、日本画家）に学術文化奨励賞、特定の分野で顕著な功績のあった卒業生として、鈴木誠也氏（附属高等学校、プロ野球選手）に特別功労賞、特定の分野で顕著な業績があり、今後の活躍が期待される卒業生として、飯塚智広氏（附属沼南高等学校、社会人野球選手・監督）に特別奨励賞がそれぞれ授与されました。

記念講演会　創立一四〇周年記念式典に続き、石黒浩大阪大学大学院教授、夏目房之介学習院大学大学院教授（当時）を招いて、「二〇三〇年におけるアンドロイド、ＡＩの在り方」、「漱石アンドロイド製作とこれからの研究について」をテーマに山口直孝文学部教授司会のもと、記念講演会・トークイベントが開催され、漢学塾時代の二松学舎で学んだ文豪・夏目漱石二松学舎大学特別教授（漱石アンドロイド）もスペシャルゲストとして参加しました。

新長期ビジョン「N' 2030 Plan」　創立一四〇周年記念事業の集大成と位置付けられたのが、水戸英則理事長から公表された新長期ビジョン「N' 2030 Plan」の策定です。

二松学舎は創立一三五周年で公表した長期ビジョン「N' 2020 Plan」とそのアクションプランに従い改革を実現してきましたが、学校経営を取り巻く環境は、劇的に変化してきています。グローバル化・情報化に加え、ＡＩ、ＩｏＴ、ビッグデータなど、第四次産業革命の進展、一八歳人口の減少の加速化、「専門職大学」の出現、地方大学優遇策と東京一極集中是正のための都内二三区所在大学の定員抑制策、学校法人のガバナンス改革や、さらなる情報公開の必要性を目指した私学法の改正など、課題が目白押しの状況になっています。そのため、こうした諸変化に対応する新たな指針を策定する必要性が生じました。そこで、「N' 2020 Plan」で打ち立てた基本指針とアクションプラン実施の過程で生じた問題点等を再検証し、さらに複雑化、多様化が進む一〇年後、二〇年後の社会で求められる人材像と、その人材を育成する新たな教育体制の構築に向けて、新長期ビジョン「N' 2030 Plan」を策定することを理事会で決定しました。

「N' 2030 Plan」の策定に当たり、教職員、役員、卒業生など全ステークホルダーにアンケート調査を実施しました。その結果、「N' 2020 Plan」の成果に対して好評価を得ましたが、いくつかの課題が指摘されました。これを受けて、「N' 2020 Plan」の五つの基本理念とそれを実現する改革五本柱、建学の精神に基づく人材像等を引き継ぐ形で「N' 2030 Plan」が誕生しました。新長期ビジョンの特徴は次の三点にまとめることができます。

第一点は、建学の精神に基づいて、二〇三〇年時代を生き抜くために必要な能力と人間性を持った学生を育成する「二〇三〇年型教育体制」の構築です。新長期ビジョンが見据える令和一二（二〇三〇）年には、人口動態や私学経営環境の変化に加え、ＡＩ、ＩｏＴなどの第四次産業革命により経済・社会環境が大きく変わり、現在ある仕事の四割から五割近くが消滅し、社会的・創造的知性を擁した人間力の高い仕事が残ると予想されます。このような社会では、社会的・創造的知性などの涵養を通じて、「想定外」や「板挟み」と向き合い、乗り越えられる人材、ＡＩで解けない問題・課題・難題と向き合える人材、創造的・協働的活動を創発し、やり遂げる人材の育成が必要です。

新長期ビジョンでは、「N' 2020 Plan」の「建学の精神に基づいた育成する人材像」を基本に、ＯＥＣＤ教育部会が示した二〇三〇年時代に必要とされる能力、すなわち、①多様な協力関係を結び管理する能力、②情報収集力と新たな価値を見つけ出す能力、③深い専門知識と幅広い教養知識の涵養に加え、④二松学舎独自のＡＩ時代に必要な高い社会的知性や創造的知性の涵養、⑤厳しい時代を生き抜く復元力の二点を加えて、改めて建学の精神を現代的に解釈し、「日本に根ざした道徳心を基に、良質な知識と英語・中国語等語学力を身につけ、我が国の歴史と文化を理解し、かかる知識を背景として、より良き社会を実現する目標を持って、グローバルに活動する逞しい人材の育成」と規定しました。そして、これを実現するため、大学、両附属高等学校、中学校の各設置校において、新時代に対応する能力を備えた

「知識・スキル・人間性」の三位一体の総合能力を育む、新しいカリキュラムを策定し、「二〇三〇年型教育体制」の構築を目指していくこととしました。

第二点は、大学、両附属高等学校、中学校をさらに優れた学校にしていくための総括目標を設けたことです。この目標達成のため、学校運営を、「経営資源」、「入学」、「在学中」、「就職」、「卒業後」の五つの局面に分けて、ＫＰＩ（Key Performance Indicator 重要業績指標）(注)を設定し、視覚的にわかりやすく表示したダッシュボードに一覧にして収め、進捗状況を管理していく形としました。具体的には、経営面の指標として、経常収支差額比率等、定員充足率、入学面の指標として、偏差値、志願者倍率、在学中指標としては、授業アンケート調査や満足度調査結果等。卒業指標としては、就職率や一部上場企業の就職率、卒業後は寄付金率や卒業生情報の把握率をＫＰＩに設定し、目標とするベンチマーク校の平均値との差を分析。その差を埋めつつ、各設置校のブランドを引き上げながら目標の達成を目指すこととしました。

第三点は、新時代「Society 5.0」におけるカリキュラム改革です。先述の、新時代に対応する三位一体の能力を備えた人材育成の教育を展開していくにあたり、大学では、「アドミッション」、「カリキュラム」、「ディプロマ」の各ポリシーを定め、体系的なカリキュラムを設計し、各学生が能動的・協働的な学修を充分な時間行い、新時代において自立して生きる力を身につけるための教育体制を構築しています。

「アドミッション・ポリシー」では、本学が求めている学生像を明確にし、受験生に対して高等学校等で身につけておくべき能力、習得しておくことが望ましい教科・科目の内容を学部毎に具体的に示して周知を図っています。

「カリキュラム・ポリシー」は、各学部・学科の教育課程の編成・実施の方針を示すものですが、これに基づき、二松学舎を選択・出願した受験生が、大学での学修をスムーズに開始できるように設けられた導入科目（基礎ゼミナールや教養教育等の学部共通教育科目等）から、高度な研究に裏付けられた体系的な教育と確かな教育力のある教員による質の高い教育へと段階的に進めるように科目設定・コース設定が行われています。

「ディプロマ・ポリシー」は、建学の精神に基づく人材育成の方針に則り、学生に対して学位の取得に必要となる要件を示したものですが、本学が求める「知識・技能」、「思考力・判断力・表現力等の能力」、「主体性・多様性・協働性」、それぞれについて具体的な基準を示しています。

これらの3ポリシーを踏まえ、「Society 5.0」時代に必要とされる人材を育成するために必要な新カリキュラムを令和四（二〇二二）年四月から導入しました。この新カリキュラムは、学生が卒業時に、大学での学修が新時代で活用できるという実感を持つことができ、さらにその学修成果が就職活動で評価され、新時代に必要な能力を確かに備えて社会に出ることができるような体系的なものとなっています。

二〇三〇年時代を生き抜く学力と人間力を身につけるためのカリキュラム改革は、今後も大学だけではなく、附属高等学校、附属柏中学校・高等学校も連携して進めて参ります。

（5）「N' 2030 Plan」五年間の歩み

平成二九（二〇一七）年の「創立一四〇周年」に定められた新長期ビジョン「N' 2030 Plan」について、令和四年までの五年間の進捗と成果は、次の通りです。

大学・大学院の教育改革　大学・大学院の教育改革の学術成果面では、今後、「教員一名当たり科研費採択件数の増加」や「私立大学等改革総合支援事業の採択タイプ複数化」を中心に、達成度の上昇を目指す必要があります。一方、「教育体制の充実」については、「学生支援度」などで、文学部・国際政治経済学部共に目標値を大きく上回る実績値を示しており、

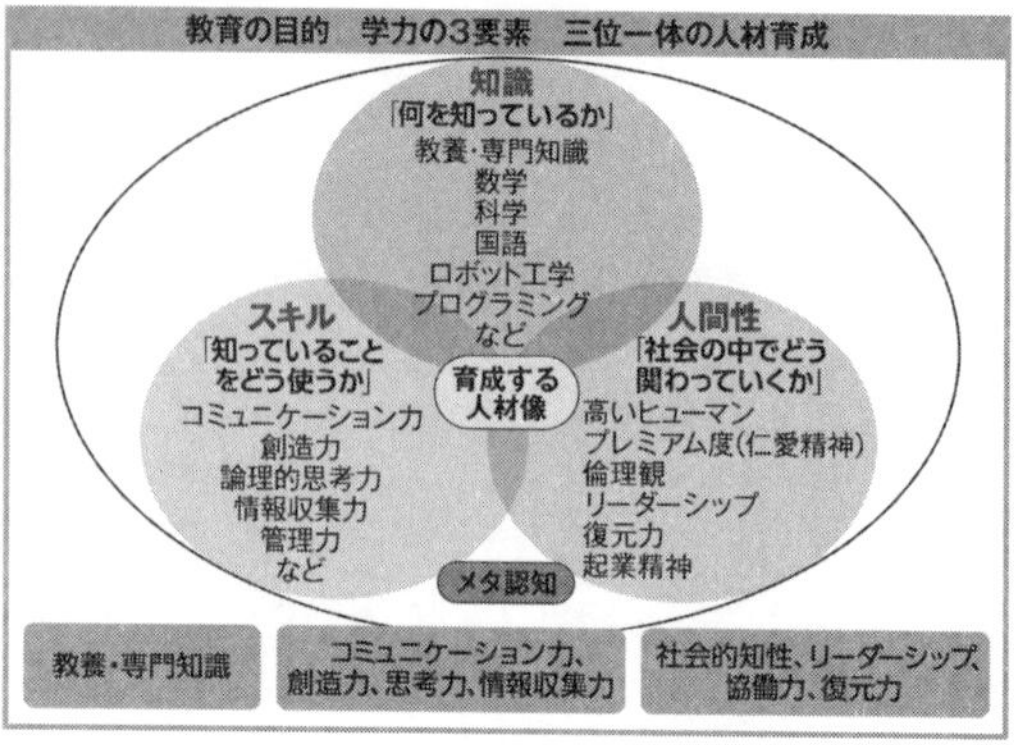

在学生からの教育内容に対する評価は年々高まっています。当初の目標を十分に達成している状況であると判断されます。

新時代へ対応できる「知識・スキル・人間性」の三位一体の能力を身につけることができるカリキュラム改革については、令和四（二〇二二）年度から導入された「新カリキュラム」において、「全学年次でのゼミ教育」、「新キャリア教育」、「数理・データサイエンス・AI教育」などが導入され、今後その成果が、卒業時に向かってどのような形で具現化されるか、今後の進捗が期待されます。令和三年度末からは、学修成果の可視化に向けて「ディプロマサプリメント」（注）の交付が試行導入されましたが、今後改善・充実化を図ってまいります。

「グローバル化」については、国際交流センター機能を充実・強化、「海外協定校」を積極的に増加させると共に、北米・欧州・オセアニア・東アジアについても協定校を増やしてきました。一方、海外からの留学生受け入れについては、主に中国の協定校からの交換留学生向けプログラムとして「日本語・日本文化特別プログラム」を設け、積極的な受け入れを行ってきました。ＫＰＩである国際交流充実度も平成二九（二〇一七）年度以降、顕著な上昇を示しています。

「ＩＣＴ化に対応した教育体制整備」の面では、無線ＬＡＮネットワークについて、「高速化&大容量化ネットワーク工事」を実施しました。令和三年度入学生個々人にモバイルノートＰＣの在学中無償貸与を始めています。今後は、ソフト面の充実化、すなわち、ライブキャンパス等基盤システムの更新やＬＭＳ（Learning Management System）の新規導入による教学ＤＸの推進により、「教育の質保証」を具体化していきます。

次に高度な専門性の分野では、平成二七年度に採択された「戦略的研究基盤形成支援事業」では、「近代日本の『知』の形成と漢学」のテーマに基づき、東アジア学術総合研究所を中心に、国際的な研究拠点整備事業が展開され、シンポジウム・セミナー・公開講座などを開催すると共に、令和元年度にかけて、一〇冊を超える学術研究図書が出版されるなど、活発な学術研究活動が行われました。

また、令和四年四月に文学部の新学科として「歴史文化学科」を、大学院に新研究科である「国際日本学研究科（修士課程）」を開設しました。

（注）ＫＰＩ＝目標を達成するプロセスでの達成度合いを計測したり監視したりするために置く定量的な指標を意味する。

（注）ディプロマサプリメント＝学士、修士などの学位に添付される補足書類で、取得学位・資格の内容、授与機関等について追加情報が記載されたもの。

包括的学生支援体制の構築　本学独自の奨学金制度に加え、令和二（二〇二〇）年度から開始された文部科学省の「高等教育の修学支援新制度」により、経済的困窮学生に対する支援については、従前より拡充されました。一方で、新型コロナウイルスに関する対応については、令和二年度に在籍する全正規学生に対する「二松学舎大学特別支援金（一人五万円）」の給付や、自動検温・手指消毒器の導入、各教室及びラウンジ・食堂等へのアクリルパーティションの設置などを機動的に行い、学生・生徒の安全を確保しました。

キャリア教育については、令和四年度から導入された新カリキュラムにおいて、初年次から四年次にかけての「体系的キャリア教育」が実現しました。また、キャリアセンターによる学生一人一人に寄り添ったきめ細かな就職支援活動の効果もあり、「就職率：約九五％」

（就職者数／就職希望者数）の高い数値を平成二九（二〇一七）年度以降維持しています。

行政職公務員や教員採用試験合格者のさらなる引き上げについては、キャリアセンターによる「公務員対策講座」等の実施により、平成三〇年度以降、平均二〇名の行政職採用者を輩出しています。また、教職課程センターの指導・支援による「教員採用者」についても、平成三〇年度以降、年平均六〇名前後を数えており、着実に成果が出ているといえます。

この間、父母会、松苓会《しょうれいかい》からは、教育環境整備事業に対し様々な形で支援を受けるなど、強固で良好な関係が構築されており、今後も維持・拡充されることが期待されます。


附属高等学校、附属柏中学校・高等学校の教育改革　まず教育改革面について、附属高校は進学実績の目標を達成するため、実績向上について、有効な施策を講じ、実施していくなど進捗の管理が望まれます。野球部の度重なる甲子園大会出場等の活躍などを、本学進学への「知名度」向上につなげるなど工夫を要するところです。附属柏中学校・高等学校は、教育指導内容の改善のほか、学生募集広報活動や緻密な入試戦略の実行により、千葉県の東葛地域において、着実に進学校としてのブランドを高めるなど、その存在感が確実に増しています。

柏中学校では「グローバル探求コース」を設け、中高六年間の学びで英語力を確実に身につける教育プログラムを展開しています。また、台湾での中国語語学研修やオーストラリアでの英語語学研修なども実現されました。

附属高校、柏中学校・高等学校の全ての生徒にタブレット端末が配付されており、ICT教育を行う基盤的な環境は整っています。今後、新学習指導要領に基づく探求型カリキュラムが年次進行で展開されますが、ICT機器を活用した新たな指導方法の確立や、無線LANネットワークの充実化が課題となります。なお、両附属高校の生徒を対象に、大学が高大連携対象科目を複数開講しており、内部進学希望者へのインセンティブを高める施策も行っています。各高校から毎年三〇名前後の二松学舎大学進学者が現れており、所期の目的は達成されつつあり、目標値をさらに引き上げていくことも必要です。

入学者数については、附属高等学校は、直近五年間の変動幅が大きく、安定化が課題だといえます。柏高等学校では慢性的な入学定員超過、柏中学校では慢性的な入学定員割れが継続しています。しかしながら、柏中学校については、入学定員を下回っているものの、無理な入学者数の確保は入学者の基礎学力低下を招いてしまうため、慎重な入学者数の管理が求められます。

キャンパス整備・財政・人材育成　大学・九段キャンパスについては、九段3号館・九段4号館の相次ぐ土地取得・校舎建設、九段5号館の取得に加え、九段1号館・九段2号館において、両学部教員の個人研究室、ラーニング・コモンズを設置、1号館三階教学部門の学生ワンストップサービス化工事等大規模リニューアルの実施により、キャンパス整備計画を完了しました。

附属高等学校については、都心立地の良さを活かし、隣接地購入も視野に入れつつ、現在地での将来の建て替えを検討中です。

柏中学校・高等学校については、東葛地域の人口増加傾向に比例する形で順調に生徒募集が推移しており、既存の東・西・南・北校舎、体育館、大学施設や周辺の里山、手賀沼等自然環境に恵まれたキャンパスの特性を活かし、整備していく方針です。

財政面では、平成二九（二〇一七）年度の創立一四〇周年以降、安定した財務基盤を維持しており、㈱格付投資情報センター（R&I）社による、「発行体格付け」については「A⁻（安定的）」、私学事業団の経営判断指標も「A」ランクを維持しており、令和三（二〇二一）年度決算では、従来の「A3」から「A2」へとランクアップしました。

人材育成面では、「体系的なＦＤ・ＳＤの推進」について、「学校法人二松学舎スタッフ・ディベロップメントに関する規程」の制定と共に、階層別・職務別の緻密な研修体制が構築され、毎年度役員・教職員合同のＳＤ研修会を実施するなど、教職員の資質向上を計画的に図ることのできる研修体制が整備されています。

広報戦略　本学の歴史や使命、業績等の広報については、創立一四〇周年記念事業の一環として製作した「漱石アンドロイド」や、ＮＨＫ大河ドラマの主人公となった「渋沢栄一」と本学との関係性を積極的に活用しながら、広報課が主体となって実施しており、ホームページのリニューアルやシリーズ性＆テーマ性を持った広報媒体を制作し、広報活動を展開しています。

ガバナンスの更なる充実と情報公開　本学は、令和三（二〇二一）年一二月二一日付で「学校法人二松学舎　二松学舎大学ガバナンス・コード（第二版）」を施行し、ダイバーシティ・インクルージョン（多様性の受容）やサステナビリティについての方針を含んだ本学の組織運営に対する考え方を一般に公開しています。加えて、従前から認証評価制度の受審、格付け会社からのレビュー・ヒアリング等を定期的に受けており、極めて透明性の高い組織運営が維持されていると評価できます。

(6)「N' 2030 Plan」今後の重点事項

これまでの「N' 2030 Plan」の進捗状況は、ほぼ順調です。今後の大学部門の課題としては、①令和四年度スタートした新カリキュラムの実質化であり、教養教育としてその役割を実質的に果たしていくことです。また今後「数理データサイエンス・ＡＩ認定プログラム（リテラシーレベル）」の認定を目指すことです。次に②大学教学事務におけるデジタル・トランスフォーメーション（ＤＸ）を推進することです。ＤＸとは紙ベースの処理をＰＣベースの処理が可能の形に環境整備・転換を図っていくことで、教育現場や研究環境にデジタル技術を取り入れ、精緻な成績管理の仕組みや教育・研究手法の開発を進め、教育の質を更に深化させることを目的とします。大学改革推進部内に教学事務のＤＸ推進室を設け、具体案の検討を開始したところです。こうした環境整備を図りつつ、③学修者本位の教育、学びの質の向上、出口の保証の実現を図っていくことです。そして大学生活の出口における教育成果の可視化ツールとして、信頼性あるディプロマサプリメントの作成と「良い教育をする大学」としてのブランドの確立を図り、いつも選ばれる大学を目指していくことです。

(7) 創立一四五周年

創立一四五周年記念事業の展開　学校法人二松学舎では、創立一四五周年を翌年に控えた令和三(二〇二一)年四月に、一四五周年記念事業準備委員会を発足させました。四月一三日には、五十嵐清常任理事を委員長として第一回一四五周年記念事業準備委員会を開催。会議は学内理事や大学および附属校役職者のほか各部署の管理職で構成され、周年記念事業の基本方針や意義が共有されるとともに、実施事業については部門及び部署ごとに検討を進めることなどが承認されました。同年一〇月には、各委員より事業計画が提出され、予算が確定した二〇二二年四月からは本格的に周年事業の実施が始まりました。また、それらにさきがけ、令和三年度中に展開した広報活動やイベントの開催もあり、記念式典や祝賀会といった大規模なセレモニーは行いませんでしたが、一四五年の歴史を振り返りながら本学の現状を見つめ直すとともに、今後の教育展開を展望する有意義な周年となりました。実施事業は次の通りです。

Ⅰ．法人部門

【「二松学舎創立一四五周年記念募金」の募集】

【周年記念出版】『明治一〇年からの大学ノート』改編および発行／『「論語と算盤」渋沢栄一と二松学舎』

※本学の小史である『明治一〇年からの大学ノート』の改編および発行については、令和四（二〇二二）年六月に編集委員会が発足した。編集方針としては、創立一四〇周年版の内容を踏襲しながら、これまでの五年間で長期ビジョンの計画に則り実施した教育環境施設整備や財政基盤の安定化、大学および設置校におけるカリキュラム改革や教育の質保証への取り組みなどについて追記することとなった。

【建設事業】三島中洲邸・漢学塾二松学舎・二松学舎専門学校跡碑および創立由来等説明板の設置／創立者生誕地碑改修および説明板の設置（岡山県倉敷市）

※三島中洲邸・漢学塾二松学舎・二松学舎専門学校跡碑および創立由来等説明板の設置については、令和四（二〇二二）年四月二七日に除幕式を挙行。式には、本学関係者及び施工を担当した鹿島建設株式会社関係者が参列し完成を祝った。

【ブランディング広報活動】周年記念動画制作および公開／特設サイト制作および公開

／校舎ラッピング（柱巻き）／周年記念ロゴマークの制定および活用／駅看板デザインの変更／大学ホームページトップページのリニューアル／グッズ製作／ポスター制作
【イベント・シンポジウム等】　論語の学校―RONGO ACADEMIA―
【その他】　学校法人全体における奨学金制度の見直し・拡充／二松学舎グッズアイデア募集／ねこ松デジタルデータ新コンテンツの制作

Ⅱ．大学部門

【イベント・シンポジウム等】　文学部・国際政治経済学部・東アジア学術総合研究所合同シンポジウム「『論語と算盤の真実』　日本近代史の中の渋沢栄一」開催／夏休み子ども研究会／大学資料展示室企画展及び講演会
※文学部・国際政治経済学部・東アジア学術総合研究所合同シンポジウム「『論語と算盤の真実』　日本近代史の中の渋沢栄一」では、本学名誉博士の小和田恆氏による特別講演や東京大学大学院の小島毅教授による基調講演のほか、国際政治経済学部長の佐藤晋教授や東アジア学術総合研究所所長の牧角悦子教授をはじめとした本学教員による講演や報告に続き総合討論が行われた。
【その他】　二松学舎大学出版会創設に関する検討

Ⅲ．高等学校・中学校部門

【附属高等学校】渋沢栄一『論語と算盤』を活用した一斉授業の実施／周年記念クリアファイルの製作

【附属柏中学・高等学校】スクールバスのラッピング／夏休み子ども研究会

これからも学校法人二松学舎は、予測困難な時代を生き抜くため、設置校である二松学舎大学、附属高等学校、附属柏中学校・高等学校において、長期ビジョン「N'2030 Plan」のもと、教職員一丸となり、建学の精神に基づく学生・生徒の育成に注力し、社会の要請に応える有為な人材を輩出する教育・研究機関としての使命を着実に果たしてまいります。

終わりに

創立一四五周年を記念した、新しい二松学舎小史『明治一〇年からの大学ノート　一四五周年記念版』を刊行いたしました。今から一五年前、創立一三〇周年として始まった本書は、創立一三五周年、一四〇周年記念の二回の改訂を経て現在に至ります。一四五周年記念版では、主に第六章「二松学舎の現況と長期ビジョン」ならびに巻末年表部分について、ここ五年間の動きを補い、刊行しました。表紙のデザイン、カラー口絵も一新しました。

本書を手にされた皆さんには、創立者三島中洲の人となりや、幕末から明治の大変革期に、中洲が二松学舎を開き、教育に力を注ごうとした意図、そして、そこで学んだ多くの著名人など、明治一〇年から現在に至る二松学舎の歴史をおわかりいただけたことでしょう。

また、少子化と高度情報化社会が進む現代において、未来のあるべき姿を描き策定した長期ビジョン「N' 2020 Plan」、「N' 2030 Plan」と、その実行プランである「アクションプラン」に基づいた、さまざまな教育改革についてよくご理解をいただけたのではないかと思います。

本書初版が出版された際、二松学舎小史編集委員会の代表を務めた野村邦近二松学舎大学名誉教授（当時は文学部長）は、「終わりに」で次のように書いています。

福沢諭吉、大隈重信、新島襄らといった日本の近代化と教育に偉大な力を注いだ人びとに対して、三島中洲のとった態度は、ともすると時代の逆行、守旧派と受け取られかねなかったかもしれません。

しかし、今日真の国際化、異文化理解には、一方の軸にしっかりとした自己の確立が必要であることは自明の理となっています。そしてそれは、第三章に登場した明治の偉大な教養人たちが、みな西欧に多く学んで日本の近代化に寄与する大きな業績を残す一方、自らのよって立つ位置をしっかりと固めようと努力していた姿にも見ることができたはずです。ここにこそ、三島中洲の果たした役割が見事に結実していたといってよいのではないでしょうか。

（中略）

二十一世紀において東アジアの力が大きくなるであろうことは、誰の目にも明らかです。漢字文化圏にあり、また個々の国がそれぞれの近代化を果たしていく中で、けっして自己の存在価値を見失うことなく、また他国のあり方をも尊重していく態度が求められることでしょう。

多くの大学の中にあって、わが二松学舎の存在の価値はここにこそあるといえるのではないでしょうか。

グローバル化、高度情報化など、いわゆる知識基盤社会の進展に直面し、社会構造が大きく、かつ急激に変化する現代社会において、教育界に求められているのは、「日本に根ざした道徳心を基に、自分で考え、行動する、各分野で活躍する人材の育成」、すなわち、明治の激動期に創立者三島中洲が唱え、現代に至るまで脈々と受け継がれている、二松学舎の建学の精神に他ならないのです。

学校法人二松学舎　常任理事　五十嵐 清

二松学舎のあゆみ

西暦	和暦（年・月）	関係事項	備考
1830	天保 1・12	創立者三島中洲、備中窪屋郡中島村（のちの中洲町、現在の岡山県倉敷市）に生まれる	天保1・8 吉田松陰生まれる
1837	8・2	中洲の父寿太郎、江戸にて病死	8・2 大塩平八郎の乱
1840	12	中洲、丸川龍達に四書の素読を受ける	9・3 緒方洪庵、適々斎塾を設立
1843	14・8	中洲、山田方谷の私塾牛麓舎に入る	12・5 天保改革
1845	弘化 2	中洲、一六歳、終生用いた「毅」を名乗る	
1848	嘉永 1	中洲、牛麓舎の塾長となる	
	1・12	方谷、備中松山藩の元締、吟味役となる	
1850	3	中洲、貞一郎と称す　藩務多忙の方谷にかわり舎生の訓育に当たる	
1852	5・3	中洲、伊勢の津（藤堂藩）に遊び斎藤拙堂に師事する	嘉永6・6 ペリー、浦賀に来航
1854	安政 1	中洲、『探辺日録』を作る	安政3・12 吉田松陰、松下村塾開始
1856	3・3	中洲、伊勢を去る　在津中、玉乃世履及び鶴田皓等を知る	
1857	4・6	中洲、備中松山藩（藩主板倉勝静）藩士となる	
1858	5・4	中洲、江戸に遊び昌平黌に入る　佐藤一斎、安積艮斎等に学ぶ	5 福沢諭吉、私塾を開く

1859	安政	6・6	中洲、藩校有終館会頭となる		
1860	万延	1・4	中洲、再び江戸に遊び、昌平黌詩文掛となる		
1861	文久	1・4	中洲、有終館学頭・吟味役となり、有終館学制改革を行う		
		6	中洲、松山城下に漢学私塾虎口渓舎を開く	文久3	伊藤博文ら、英国留学
1867	慶応	3・9	中洲、奉行格となり、洋学総裁兼務となる	慶応3・11	坂本竜馬死去
1872	明治	5・9	中洲、司法省出仕	明治5・9	新橋—横浜間、鉄道開通
1873		6・3	中洲、司法権少判事となる		
		5	中洲、新治（今の水戸裁判所土浦支部）裁判長となる	8・4	大審院設立
1875		8・4	中洲、東京裁判所に転任	8・11	同志社創立
		10	中洲、訴訟規則を起草	9・2	西南の役
1876		9・2	中洲、大審院判事となる	8	札幌農学校創立
1877		10・4	中洲、『民刑法律聞見随録』を作る	10・4	東京大学創立
		6	中洲、大審院判事を辞任	6	山田方谷死去
		10・10	中洲、二松学舎を麹町区一番町四三番地（現在の九段校舎の地）に創立		
		11	二松学舎分校を湯島天神町三丁目三番地の西郷盛之邸内に設ける		
1878		11・1	中洲、東京師範学校漢学教授となる	11・5	大久保利通暗殺
		11	洋算一科を増設		

西暦	和暦（年・月）	関係事項	備考	
1879	明治12・2	中洲、東京大学講師となる	12・9 12	教育令の公布 朝日新聞創刊
1880	13・4	『二松学舎翹楚集』を発刊	13・12	教育令改正
1881	14・8	中洲、東京大学教授となる	15・5	渋沢栄一、大阪紡績会社設立
	11	「二松学舎学芸雑誌」を発刊		
1885	18・11	中洲、東京学士会院会員となる	18・12	宮中顧問官を置く
1886	19・3	中洲、東京大学文科大学教授を辞任	19・3	帝国大学令の公布
1888	21・3	中洲、大審院検事となる	22・2	大日本帝国憲法発布
1891	24	中洲、東京専門学校（早稲田大学）講師となる		
1892	25・9	中洲、国学院教授となる		
1894	27	三島広、二松学舎舎長に就任	27・8	日清戦争始まる
1896	29・3	「二松学友会誌」を発刊	29・2	川田甕江死去
	3	中洲、東宮職御用掛となる		
	6	中洲、東宮侍講となる	30・6	京都帝国大学設立
	11	二松学舎創立二〇年祝賀会		
1898	31・10	『中洲文稿』第一集を刊行　以下大正六年四月までの間に四集刊行	31・6	第一次大隈内閣成立
1899	32・1	宮中新年講書始め、中洲、周易泰掛を進講		

1900	33・7	中洲、文学博士の学位を受ける
	3	国語科併置
1901	34・2	細田謙蔵（二松学舎代表）師範学校中学校漢文科名称存置請願書を内田周平と連名で貴衆両議院に提出
1903	36・5	二松義会設立
	5	入江為守、二松義会会長となる
1904	37・1	別科を置く
	4	「二松義会第一回会報」発刊
1906	39・5	二松学舎創立三〇年・中洲喜寿・日露凱旋・三祝賀会を開催
1907	40・7	財団法人二松学舎寄附行為認可される
	12	三島広、二松学舎舎長を辞任、三島復舎長に就任
1909	42・7	二松義会財団法人の認可を得る
1910	43・1	三島復から建物一八六坪余を購入し、同日宅地二八〇坪余の寄附を受ける
	1	中洲を二松学舎督学に推戴
1911	44・3	東宮より二松義会に金参百円下賜される
	12	二松学舎創立三五周年記念祝賀会
1912	大正 1・8	中洲、東宮侍講を辞し、宮内省御用掛を拝命

34・12	中江兆民死去
36・3	専門学校令の発令
37・2	日露戦争
44・9	平塚らいてう、青鞜社結成、『青鞜』創刊
45・7	日本、オリンピックに初参加
7	明治天皇崩御、大正に改元

西暦	和暦（年・月）	関係事項	備考
1915	大正 4・7	中洲、宮中顧問官に任ぜられ内帑金壱万円を下賜される	
1916	5・4	二松学舎創立四〇周年祝賀会	
	12	二松義会会長理事入江為守辞任	
	12	三島復から麹町区一番町四六番地の宅地一八〇坪余を購入	
1917	6・3	渋沢栄一、二松義会会長理事に就任	
1918	7・12	大正天皇から金五千円を下賜される	7・12 公私立大学、単科大学設立許可
1919	8・5	中洲、三番町の自宅で死去（九〇歳）。正三位に叙し旭日大綬章授与	
	11	渋沢栄一、舎長理事に就任　三島復学長となる	9・3 株価大暴落
1920	9・9	「二松学報」を発刊	5 東京で第一回メーデー開催
1922	11・6	『中洲詩稿』第一・第二集刊行	
1923	12・2	『二松学舎講義録』を発刊	12・9 関東大震災
1924	13・3	児島献吉郎、学長に就任	14・3 普通選挙法公布
1926	15・6	山田準の学長就任を決定	15・12 大正天皇崩御、昭和と改元
1928	昭和 3・4	二松学舎専門学校開設　山田準初代校長	
	12	校友会誌「二松」創刊	
1931	6・4	中等学校漢文科教員無試験検定資格を付与される	6・9 満州事変起こる

西暦	年・月	二松学舎	年・月	社会
	8	松苓会（二松学舎専門学校の同窓会組織）発足		
1932	7・2	国分三亥、理事長に就任	7・1	上海事変起こる
	4	伯爵金子堅太郎を舎長に推戴		
1935	10・3	中等学校国語科教員無試験検定出願資格を付与される	10・2	天皇機関説問題起こる
1937	12・10	二松学舎創立六〇周年・専門学校設立一〇周年記念式典を挙行	12・7	日中戦争始まる
	12	『二松学舎六〇年史要』を刊行	12	南京入城
1941	16・5	「二松時報」創刊	16・4	国民学校発足
1943	18・4	那智佐伝、二松学舎専門学校長に就任	18・12	第一回学徒出陣
1945	20・3	二松学舎専門学校、戦災により全焼	20・8	広島長崎に原爆投下
1946	21・4	二松学舎専門学校、四年制に移行	21・11	日本国憲法発布
1947	22・3	漢学塾二松学舎廃止	22・4	「6・3・3制」新教育体制実施
	12	塩田良平、二松学舎専門学校長に就任		
	12	塩田良平、財団法人二松学舎理事長に就任		
1948	23・4	二松学舎高等学校開設（校長塩田良平）	23・7	教育委員会法公布
	4	学術論集「二松研究年報」発刊	9	全学連結成
1949	24・4	二松学舎専門学校は大学に移行　二松学舎大学文学部国文学科（入学定員七〇名）中国文学科（入学定員三〇名）を開設	24・11	湯川秀樹ノーベル物理学賞受賞
1950	25・3	二松学舎大学を東京文科大学と改称　同時に附属高等学校は東京文科大学附属高等学校と改称	25・6	朝鮮戦争起こる

西暦	和暦（年・月）	関係事項	備考
1951	昭和26・4	那智佐伝、学長に就任	26・9 サンフランシスコ対日平和条約調印
	3	財団法人二松学舎を学校法人二松学舎に組織変更	27・6 中央教育審議会設置
1953	28・3	東京文科大学を二松学舎大学に校名復元同日認可	28・2 NHKテレビ放送開始
	3	二松学舎専門学校を廃止　国語科教職課程の設置認可	12 奄美群島返還日米調印
1954	29・11	中学校教諭一級普通免許状（国語）・高等学校教諭二級普通免許状（国語・書道）の課程を認定される	29・3 ビキニ水爆被災（第五福竜丸）
1955	30・3	中学校教諭一級普通免許状（中国語）・高等学校教諭二級普通免許状（中国語）の課程を認定される	
	6	衆議院文教委員会、二松学舎大学事件を審議	
1957	32・4	千代田区三番町六番地一六に二階建校舎一棟を新築	31・11 南極本観測隊宗谷出発
	10	二松学舎創立八〇周年記念式典挙行　同記念論文集を刊行	
		復興五カ年計画樹立	
1958	33・3	千代田区三番町六番地一五に二階建校舎一棟を新築	
	7	夏季公開講座復活	33・4 小中学校で道徳教育実施
	10	「二松学舎大学新聞」創刊	33・12 一万円札発行
1959	34・3	「二松学舎大学論集」創刊	

西暦	年・月	事項
1960	35・5	附属高等学校新校舎九段南に落成
1962	37・4	附属高等学校全日制普通課程商業科設置
	4	浦野匡彦、理事長に就任　加藤常賢、学長に就任
1963	38・4	吉田茂元総理大臣を学校法人二松学舎長に推戴
1966	41・4	二松学舎大学大学院文学研究科修士課程国文学・中国学専攻、博士課程中国学専攻開設
	4	千葉県東葛飾郡沼南町（現柏市）に運動場・分校舎落成
	12	入学定員変更（国文学科一三〇名　中国文学科七〇名）
1967	42・3	大学院の教職課程認可（高等学校教諭一級普通免許状―国語・書道・中国語）
	10	二松学舎創立九〇周年記念式典・同祝賀会挙行
	10	舎長吉田茂（元内閣総理大臣）死去
1968	43・6	「人文論叢」（人文学会機関誌）創刊
1969	44・4	附属沼南高等学校開校
	4	二松学舎大学東洋学研究所設立
	5	中洲忌五〇年祭
	12	蓼科洗心寮竣工

年・月	事項
35・5	新安保条約強行採択、安保闘争の高揚
10	浅沼稲次郎刺殺される
38・12	義務教育の教科書無償措置法公布
39・4	海外渡航の自由化
10	東海道新幹線開通、東京オリンピック開催
42・4	日本近代文学館開く
43・6	東大紛争激化
47・5	沖縄の日本復帰
48・10	筑波大学開学

西暦	和暦（年・月）	関係事項	備考
1975	昭和50・4	浦野匡彦理事長、学長を兼任	50・5 英女王エリザベス2世来日
	10	二松学舎維持会長に元内閣総理大臣福田赳夫を推戴	
	10	「二松詩文」創刊	
1977	52・10	二松学舎創立一〇〇周年式典・同祝賀会挙行	52・7 日本初の静止気象衛星「ひまわり」打ち上げ
	10	『二松学舎百年史』、『国分漸庵詩集』、『論語講義』（渋沢栄一著復刊）、『三島中洲―二松学舎の創立者』、「創立百周年記念二松学舎大学論集」刊行	9 日本赤軍、日航機ハイジャック
1978	53・3	創立一〇〇周年第一記念館（図書館・体育館棟）竣工	
	4	陽明学研究所開設	53・5 成田空港運営開始
			8 日中平和友好条約調印
1980	55・3	附属高等学校、第五二回選抜高等学校野球大会（甲子園）に出場（初）	54・1 初の共通一次試験実施
1981	56・11	創立一〇〇周年第二記念館（沼南校舎1号館）竣工	1 太安万呂墓誌出土
1982	57・1	大学文学部定員増（二〇〇名→四〇〇名）	
	3	卒業生回想録「茯苓」（松苓会発行）創刊	57・6 東北新幹線開業（大宮―盛岡）
	4	大学沼南校舎（一般教育課程）開校	11 上越新幹線開業
	4	附属高等学校、第五四回選抜高等学校野球大会出場（二回目）、準優勝	

西暦	年・月	事項
1983	58・3	附属沼南高等学校定員増（一八〇名→二七〇名）
	4	附属沼南高等学校西校舎竣工
1984	59・4	三島中洲先生誕生地碑除幕式（岡山県倉敷市）
1985	60・8	附属高等学校定時制・商業科廃止認可
	10	「二松短歌」（二松短歌会発行）創刊
1986	61・3	附属沼南高等学校東校舎竣工
	4	大学院文学研究科国文学専攻博士後期課程開設
	11	浦野匡彦理事長・学長、舎長に就任
	12	浦野匡彦舎長・理事長・学長、死去
	12	理事長に池田松郎、学長に佐古純一郎が就任
1987	62・3	大学院紀要「二松」創刊
	6	「二松学舎報」創刊
	10	二松学舎創立一一〇周年記念式典・同祝賀会挙行
	10	『二松学舎百十年史』「二松学舎創立百十周年記念論文集」刊行
	12	「二松学舎松苓会報」創刊
1988	63・4	日本語教員養成課程開講
	9	小池良雄、理事長に就任

年・月	社会の出来事
58・9	大韓航空機撃墜事件
10	三宅島大噴火
59・9	全斗煥韓国大統領来日
60・3	科学万博つくば'85開幕
5	男女雇用機会均等法成立
8	日航ジャンボ機墜落事故
61・5	東京サミット開催
62・4	国鉄分割 JRグループ発足
10	利根川進、ノーベル 生理学・医学賞受賞
63・3	青函トンネル鉄道開業
63・4	瀬戸大橋開通

西暦	和暦(年・月)	関係事項
1989	平成 1・3	「陽明学」(陽明学研究所機関誌)創刊
	7	伊藤漱平、学長に就任
1990	2・4	大学沼南校舎二号館竣工
1991	3・4	国際政治経済学部沼南キャンパスに開設(入学定員二〇〇名)
	9	佐佐木鍾三郎、理事長に就任
1992	4・7	「国際政経」(国際政経学会機関誌)創刊
	10	二松学舎創立一一五周年記念式典・同祝賀会挙行
	10	「広報二松学舎」創刊
1993	5・4	雨海博洋、学長に就任
	4	大学沼南校舎五号館(図書館棟)竣工
	7	「国際政経論集」(国際政治経済学部機関誌)創刊
	9	木曜・土曜コミュニティーセミナー(公開講座)開催
1994	6・1	二松学舎大学オーストラリア語学(英語)研修開始
	11	二松学舎大学教育研究会発足

備考	
1・1	昭和天皇崩御、平成と改元
1・4	消費税実施
2・4〜9	国際花と緑の博覧会
3・4	ソ連大統領ゴルバチョフ来日
10	秋篠宮家に女子誕生
4・9	学校の週休2日制始まる
9	米シャトルの宇宙実験(毛利衛同乗)成功
5・6	皇太子のご成婚
8	細川護熙(日本新党)連立内閣
9	カンボジアPKO任務終了
10	ロシア大統領エリツィン来日
6・6	村山富市内閣発足
10	大江健三郎、ノーベル

1995	7・3	大学院文学研究科入学定員増（博士前期各専攻十六名、博士後期各専攻三名）
	4	文学研究科博士課程前期課程昼夜開講
	8	二松学舎大学海外研修旅行（中国）開始
	9	小林日出夫、理事長に就任
	9	国際交流センター開設
	12	「二松俳句」（二松俳句会）刷新第一号発行
	12	沼南校地に武道館竣工
1997	9・4	清水義昭、学長に就任
	4	㈶大学基準協会維持会員加盟
	10	二松学舎創立一二〇周年記念式典・同祝賀会挙行
	10	『資料に見る二松学舎百二十年史』、『新修中洲講話』、『陽明学論叢』刊行
	10	千葉県私立大学（短期大学を含む）間の単位互換に関する包括協定締結
	10	「大学カバディチーム発祥の地」記念碑建立
	12	文学研究科博士後期課程入学定員増（各専攻五名）
1998	10・4	国際政治経済学部に教職課程開設　中学校教諭一種免許状「社会」、高等学校教諭一種免許状「公民」

	文学賞受賞
12	秋篠宮家に二人めの女子誕生
7・1	阪神・淡路大震災
3	東京・地下鉄サリン事件
12	高速増殖原型炉もんじゅナトリウム漏洩事故
9・3	秋田新幹線開通
10	長野新幹線開通
10	新国立劇場開場
10・4	経済成長、戦後初のマイナス

西暦	和暦（年・月）	関係事項	備考（年・月）	備考
1998	平成10・9	附属高等学校新校舎竣工	10・12	奈良の文化財、世界遺産に登録
	10	附属高等学校創立五〇周年および新校舎落成式典挙行		
	10	『二松学舎大学附属高等学校五十年誌』刊行		
1999	11・4	情報センター設置	11・9	東海村核燃料工場で臨界事故
	5	中国 北京大学歴史学系と交流協定締結		
	6	オーストラリア 西シドニー大学マッカーサー校と交流協定締結		
	9	石川忠久、理事長に就任		
	9	附属沼南高等学校創立三〇周年記念式典・祝賀会挙行		
	9	『二松学舎大学附属沼南高等学校三十年誌』刊行		
	10	『シンポジウム三島中洲―伝統と継承―』開催		
2000	12・3	台湾 中国文化大学と交流協定締結	12・7	九州・沖縄サミット
	6	韓国 成均館大学校語文学部と交流協定締結（平成一七年六月、大学間交流協定に移行）		
	12	国際政治経済学部開設一〇周年・国際政治経済学研究科開設記念講演会開催	12	白川英樹ノーベル化学賞受賞
2001	13・4	石川忠久理事長、学長に就任	13・4	小泉純一郎内閣成立

西暦	和暦・月	事項
	4	山田安之、理事長に就任
	4	国際政治経済学研究科（修士課程）開設
	11	附属沼南高等学校北校舎竣工
	12	広報誌『學』創刊
2002	14・3	附属高等学校、第七四回選抜高校野球大会出場（三回目）
		教育開発センター設置
	4	キャリアセンター開設
	6	学校法人盡誠学園と友好協定締結
	10	二松学舎創立一二五周年記念式典・同祝賀会挙行
	10	オーストラリア シドニー工科大学と交流協定締結
2004	16・3	九段キャンパス新校舎（1号館・2号館）竣工
	3	附属高等学校、第七六回選抜高校野球大会出場（四回目）
	4	東洋学研究所・陽明学研究所を統合・改組し、東アジア学術総合研究所を開設
	5	新九段校舎落成式典・同祝賀会挙行
	5	大学資料展示室開設

和暦・月	社会の出来事
12	皇太子夫妻に、女子誕生
14・9	小泉首相訪朝金正日総書記と会談
15・7	国立大学法人法成立
16・2	陸上自衛隊イラクのサマワ入り
3	九州新幹線開業
5	日朝首脳会談拉致被害者家族が帰国

西暦	和暦（年・月）	関係事項	備考
2004	平成16・7	文部科学省二十一世紀COEプログラムに「日本漢文学研究の世界的拠点の構築」が採択される	
	8	国際シンポジウム「東アジアにおける漢字文化活用の現状と将来」開催	
	9	国際政治経済シンポジウム「東アジア協調の新段階」開催	16・10 新潟中越地震
2005	17・3	国際政治経済学研究科、㈶海外投融資情報財団と相互協力協定締結	17・3 愛知万博開催
	3	中国 浙江工商大学と交流協定締結	
	3	佐藤保、理事長に就任	
	4	今西幹一、学長に就任	4 JR福知山線脱線事故
	5	国際シンポジウム「東アジアのイノベーション（技術革新）創発への道」開催	6 原油価格が高騰
	8	国際シンポジウム「東アジア共同体への課題」開催	9 小泉自民党、歴史的圧勝
	9	二十一世紀COEプログラム国際シンポジウム「世界における日本漢文学研究の現状と課題」開催	
	10	「二松塾」（生涯学習講座）開講	11 イラク情勢の混迷
	11	第一回シンポジウム論語（二〇〇九年「論語の学校」に名称変更）開催	11 紀宮様ご成婚

西暦	年・月	事項
	11	大妻女子大学と相互交流協定を締結
	12	国際政治経済シンポジウム「東アジア共同体の可能性」開催
2006	18・1	玉川大学と「小学校教員養成特別プログラムに関する協定」締結
	2	事業会社「二松学舎サービス株式会社」設立
	4	文学研究科博士前期課程に「国語教育プログラム（一年修了コース）」新設
	9	二十一世紀ＣＯＥプログラム二〇〇六年国際シンポジウム「ブックロードと文化交流－日本漢文学の源流－」開催
	11	第一回高校生・大学生漢詩コンクール開催
	12	国際政治経済シンポジウム「日本と東アジアの対話」開催
2007	19・4	文学部に図書館司書課程設置
	5	千代田区九段南二丁目に校地を取得
	9	大山徳高、理事長に就任
	10	二松学舎創立一三〇周年記念式典・同祝賀会挙行
2008	20・3	千代田区と大規模災害時における協力体制に関する基本協定締結
	9	附属高等学校創立六〇周年記念式典・同祝賀会挙行
2009	21・4	渡辺和則、学長に就任
	7	九段3号館竣工

年・月	一般事項
12	日本の人口、初の自然減少
18・2	第20回冬期五輪トリノ大会で荒川静香「金」
9	秋篠宮家に男子誕生
9	安倍晋三内閣発足
12	改正教育基本法が成立
19・7	新潟中越沖地震
20・9	麻生太郎内閣発足
21・8	第45回衆議院選挙で民主党圧勝

西暦	和暦（年・月）	関係事項
2009	平成21・9	附属沼南高等学校創立四〇周年記念式典・同祝賀会挙行
2010	22・4	本年度新入生より履修キャンパス選択制を開始
	4	教職支援センター発足
	5	柏市と災害時における施設の利用に関する協定締結
	6	日本香港協会全国連合会との相互交流協定締結
2011	23・2	附属沼南高等学校新体育館竣工
	4	附属沼南高等学校を附属柏高等学校と改称
	4	附属柏中学校開校
	4	九段キャンパス別館ブックラウンジ開室（2015年6月まで）
	9	水戸英則、理事長に就任
2012	24・6	柏キャンパス生涯学習講座開講
	10	二松学舎創立一三五周年記念式典・同祝賀会挙行
	10	二松学舎長期ビジョン「N'2020Plan」発表
	10	日本文学・日本学者 ドナルド・キーン氏に名誉博士の称号授与
2013	25・4	全学部の授業を九段キャンパスで開講
	10	ミャンマー連邦共和国商業省との交流協定締結

備考（年・月）	備考
21・9	鳩山由紀夫内閣発足
22・4	沖縄普天間基地移設問題反対集会に9万人
12	東北新幹線全線開通
23・3	東日本大震災・三陸沖でM9・0、震度7
10	スティーブ・ジョブズ死去
24・5	東京スカイツリー開業
10	山中伸弥教授、ノーベル生理学賞受賞
12	第二次安倍晋三内閣発足
25・1	バラク・オバマ、アメリカ合衆国大統領就任

西暦	年・月	事項
2014	26・3	中国浙江工商大学との交流協定締結
	3	二松学舎大学九段キャンパス公開講座「学んで歩こう江戸（TOKYO）の街」開講
	8	附属高等学校、第九六回全国高校野球選手権大会（夏の甲子園）に東東京代表として出場（初）
	9	ハンガリー国立エトヴェシュ・ロラーンド大学との交流協定締結
		ミャンマー ヤンゴン経済大学との交流協定締結
	12	九段4号館竣工
2015	27・3	岡山商科大学との大学間協定締結
	3	附属高等学校、第八七回選抜高等学校野球大会（春の甲子園）出場（五回目）
	4	菅原淳子、学長に就任
	4	学生総合ポータルサービス「ライブキャンパス」稼動
	4	九段2号館ラーニング・コモンズ設置
	4	附属柏中学校グローバルコース開設
	5	学校法人興譲館との協力校提携協定締結
	6	研究プロジェクト「近代日本の『知』の形成と漢学」が文部科学省「私立大学戦略的研究基盤形成支援事業」に採択される

2	朴槿恵、韓国大統領就任式。
26・2	ソチオリンピック開催
27・3	北陸新幹線、長野駅―金沢駅間で営業運転開始
7	アメリカとキューバ54年ぶりに国交を回復
8	サッカー・EAFF東アジアカップ2015開催
9	ラグビーワールドカップ2015開催

西暦	和暦(年・月)	関係事項
2015	平成27・7	大妻女子大学とのSDにおける連携協力協定締結
	11	九段1号館3階改修、学生窓口ワンストップサービス開始
	12	文学部、中国周口師範学院外国語学部と学生交換プログラム締結
2016	28・3	附属高等学校、野球部合宿所全面改修
	3	SDにおける、和洋女子大学、フェリス女学院大学、千葉商科大学との連携協力に関する協定締結
	3	倉敷市との連携協力に関する協定締結
	3	附属柏高等学校、新興高等学校（台湾）と交流協定締結
	6	千葉県柏市と包括交流協定締結
	7	文学研究科、大阪大学大学院基礎工学研究科と学術共同研究（漱石アンドロイド関係）に関する協定締結
	9	文学研究科、イタリア国立カ・フォスカリ大学アジア・北アフリカ学科と交流協定締結
	9	フランス国立リール第三大学との交流協定締結
	12	「漱石アンドロイド」完成披露
	12	文学部、文学研究科及び東アジア学術総合研究所と釜山大学校人文大学及び佔畢齋研究所との交流に関する協定締結

備考	
28・4	熊本地震・最大震度7
8	リオデジャネイロオリンピック開催
10	ボブ・ディランがノーベル文学賞受賞
10	鳥取県中部地震・最大震度6弱
11	パリ協定発効
12	ドナルド・トランプアメリカ合衆国大統領に就任

西暦	和暦・月	事項
2017	29・3	中国・嘉興学院、浙江越秀外国語学院、浙江外国語学院との交流に関する協定締結
	4	文学部都市文化デザイン学科開設（入学定員五〇名）
	4	秋葉原に都市文化デザイン学科「アキバラボ」開設
	5	共立女子大学・共立女子短期大学図書館との相互協定に関する協定締結
	8	附属高等学校、第九九回全国高校野球選手権大会出場（二回目）
	9	九段5号館校地・校舎取得
	10	二松学舎創立一四〇周年記念式典挙行
		二松学舎新長期ビジョン「N'2030Plan」発表
	10	英国・バッキンガム大学との交流に関する協定締結
	10	成立学園中学・高等学校と特別提携に関する協定締結
	10	中国鄭州大学との交流に関する協定締結
	11	栃木県とUIターン就職促進に関する協定締結
	12	中国・浙江農林大学との交流に関する協定締結
2018	30・2	「千代田区内近接大学の高等教育連携強化コンソーシアム」に関する包括協定締結
	3	中国・河南大学との交流に関する協定締結

29・5	エマニュエル・マクロン、フランス大統領に就任
5	文在寅、韓国大統領に就任
30・2	平昌オリンピック（韓国）開催

西暦	和暦（年・月）	関係事項	備考	
2018	平成30・4	国際政治経済学部国際経営学科開設（入学定員八〇名）		
	4	「千代田区内近接大学の高等教育連携強化コンソーシアム」に関する包括協定締結		
	6	中国 魯東大学と交流に関する協定締結		
	7	株式会社クロス・マーケティンググループと産学連携協定締結	30・7	平成30年7月豪雨
	8	附属高等学校野球部　第百回全国高校野球選手権大会（夏の甲子園）出場（二年連続・三回目）		
	8	漱石アンドロイドシンポジウム「誰が漱石を甦らせる権利を持つのか　偉人アンドロイド基本原則を考える」を開催		
	9	附属高等学校創立七十周年記念式典挙行	9	北海道胆振東部地震
	9	柏キャンパスに「産学連携室」設置		
	10	二松学舎大学附属図書館資料センターを柏キャンパスに設置	10	本庶佑氏がノーベル生理学・医学賞受賞
	12	カナダ フレーザーバレー大学と交流に関する協定締結		
2019	平成31・1	文学部、中国 浙江大学寧波理工学院外国語学院と交流に関する協定締結		
	1	文学部、中国 浙江財経大学外国語学院と交流に関する協定締結		